きっず
ジャポニカ
学習ドリル

【監修】藤井浩治（尾道市立御調西小学校校長）

書いて覚える 小学3・4年生の漢字402

令和版

こみ式

小学館

もくじ

この本を使うみなさんへ

監修：藤井浩治

漢字には、それぞれ部首があります。例えば「林」や「森」、「村」という漢字の中には、「木」という部首があり、どの漢字も木に関係があります。この本では、同じ部首の漢字を集めてしょうかいしています。漢字を一つずつ覚えるよりも、同じ部首の仲間でまとめると覚えやすくなります。音読と書き取りを何度もくり返してみましょう。

その部首の成り立ちを、絵でしめしています。

部首の名前と、部首の意味（または、その部首を使った字にはどういう特ちょうがあるか）をしめしています。

その部首の書き順と、画数です。部首の画数は、漢和辞典を引く時に使います。

この本の使い方

この本は、小学校3年生、4年生のみなさんが学校で習う402字の漢字（3年生200字、4年生202字）を部首ごとにまとめ、自分で学べるようにしたものです。漢字の「仲間」＝「部首」を知り、同じ仲間の漢字を、まとめて覚えてみましょう。

この本は、部首の大きなグループごとに、全体が6つの章に分かれています。

1 人間に関係のある部首
2 村に関係のある部首
3 自然に関係のある部首
4 生き物に関係のある部首
5 道具に関係のある部首
6 その他の部首

1つの章の中は、さらにいくつかの部首のグループに分かれています。例えば「人間に関係のある部首」の章は、「顔がもとになった部首」「手がもとになった部首」などに分かれます。

＊この本で書き取り練習をするときは、必ず下じきをしいて、えんぴつで書くようにしましょう。

＊小学館クリエイティブのホームページの特設サイトから、この本の内容の一部をダウンロードして、くり返し書き取り練習することができます。くわしくは142ページを見てください。

部首かいせつコーナー

部首の書き方を、毛筆でしめしています。◎は、良い書き方のお手本です。

△は、良くない書き方です。赤い線がしめすポイントを、◎の字と見くらべてみましょう。

その部首を使った漢字のうち、小学校で習う字の一らんです。3・4年生で習う字は、赤い字でしめしています。

例文

その漢字を使った文章の例です。赤い字が、ここで覚えたい漢字です。

①うすい色の字をえんぴつでなぞって書きます。②次は、下の白います目に書いてみましょう。

書き取りコーナー

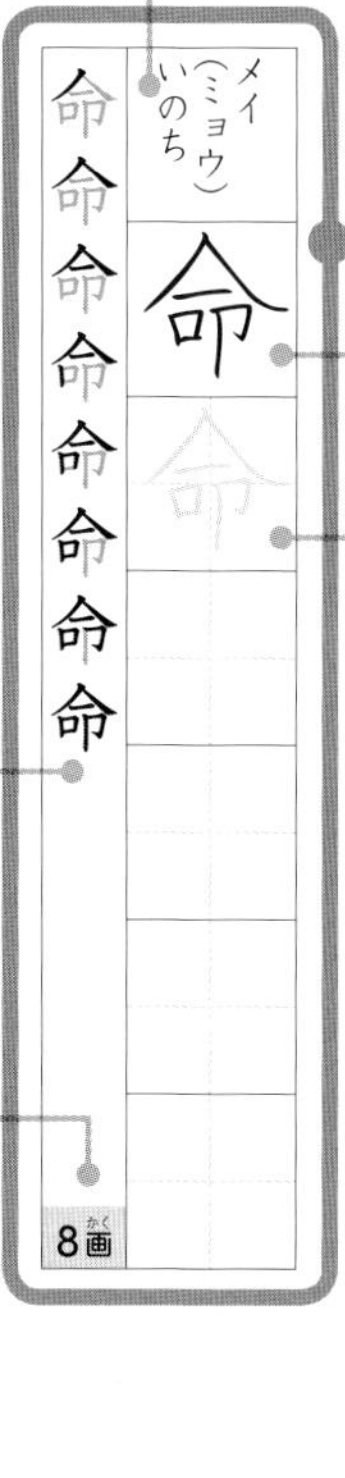

その漢字の読み方です。かたかなは音読み、ひらがなは訓読みで、赤い字は、送りがなです。小学校で習わない読み方は、（　）に入れてあります。

その漢字の書き順です。

その漢字の画数です。

本の最後には、漢字の書き取り練習ができるマス目のページがあります。

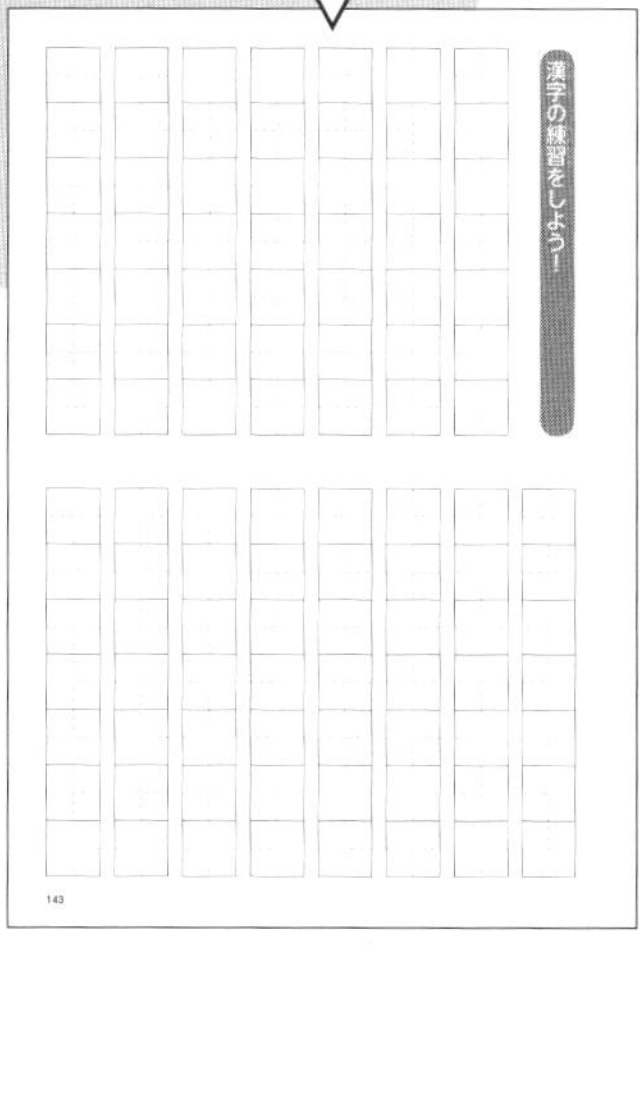

人間（にんげん）に関係（かんけい）のある部首（ぶしゅ）

顔（かお） p.7

［口］（くち）
- 口　くち、くちへん
- 欠　あくび、かける
- 言　ごんべん
- 音　おと
- 歯　は

［目］（め）
- 目　め、めへん
- 見　みる
- 臣　しん

［鼻］（はな）
- 自　じ、みずから
- 鼻　はな

［耳］（みみ）
- 耳　みみ、みみへん

［かみ］
- 毛　け
- 長　ながい
- 老（耂）　おいかんむり

［頭］（あたま）
- 頁　おおがい
- 面　めん
- 首　くび

手（て） p.18

- 力　ちから
- 又　また
- 寸　すん
- 手（扌）　て（てへん）
- 攵　のぶん、ぼくづくり、ぼくにょう

すがた p.32

- 人（亻、𠆢）　ひと（にんべん、ひとやね）
- 卩　ふし、ふしづくり、わりふ
- 儿　ひとあし、にんにょう
- 大　だい
- 匕　ひ
- 勹　つつみがまえ
- 立　たつ
- 色　いろ
- 尸　かばね、しかばね
- 疒　やまいだれ
- 艮　こんづくり

心（こころ）と体（からだ） p.28

- 心（忄）　こころ（りっしんべん）
- 血　ち
- 肉（月）　にく（にくづき）
- 身　み
- 歹　かばねへん、がつへん

足（あし） p.24

- 夂　ふゆがしら
- 辶　しんにょう、しんにゅう
- 癶　はつがしら
- 止　とめる、とめへん
- 足（𧾷）　あし（あしへん）
- 走　はしる、そうにょう

家族（かぞく） p.42

- 女　おんな、おんなへん
- 士　さむらい
- 父　ちち
- 子　こ、こへん
- 母（毋）　はは（ははのかん、なかれ）

顔がもとになった部首

口

【くち、くちへん】

口、言葉、あな、四角に関する字が多い。

人の口の形だよ。

3画

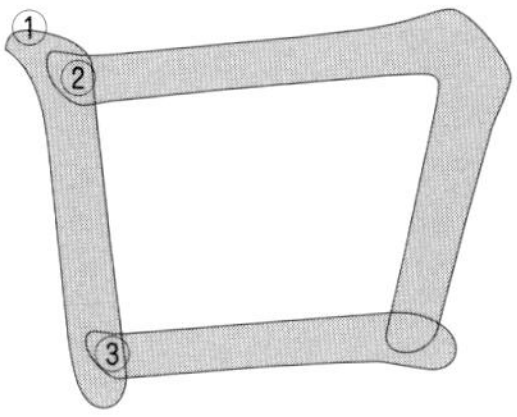

1年 口右名

2年 古台合同

3年 号向君味命和品員商問

4年 司各周唱器

5年 可句史告喜

6年 吸后否呼善

書き方

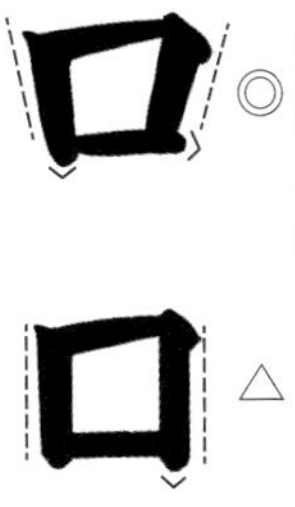

◎

△

3年

暗号を読みといて、たからがかくされた場所に向かいます。

号 ゴウ 5画

号 号 号 号 号

向 コウ　む(く)・む(ける)　む(かう)　む(こう) 6画

向 向 向 向 向 向

3年

「これで君の命はすくわれた。」と、なぞの男が言いました。

君 クン　きみ 7画

君 君 君 君 君 君 君

命 メイ　いのち　(ミョウ) 8画

命 命 命 命 命 命 命 命

3年

母のりょう理の味で、平和な気持ちになりました。

味　ミ／あじ／あじわう　8画

味 味 味 味 味 味 味 味

和　ワ（オ）／（やわらぐ）／（やわらげる）／（なごむ）（なごやか）　8画

和 和 和 和 和 和 和 和

3年

店員に「商品はこれだけですか。」と問いかけました。

員　イン　10画

員 員 員 員 員 員 員 員

商　ショウ／（あきなう）　11画

商 商 商 商 商 商 商 商 商

品　ヒン／しな　9画

品 品 品 品 品 品 品

問　モン／とう／とい／とん　11画

問 問 問 問 問 問 問 問 問 問 問

4年

ぼくは、学級会の司会として話し始めました。

司　シ　5画

司 司 司 司 司

4年

この部屋には、世界各地の楽器が集められています。

各　カク／（おのおの）　6画

各 各 各 各 各 各

器
キ
（うつわ）
15画

4年
教会（きょうかい）の周辺（しゅうへん）を、合唱（がっしょう）しながら歩（ある）きました。

周
シュウ
まわり
8画

唱
ショウ
となえる
11画

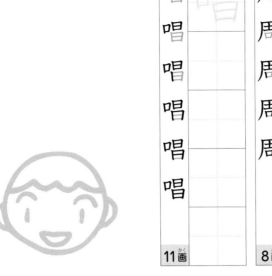

欠【あくび、かける】
口（くち）を開（あ）けることに関（かん）する字（じ）が多（おお）い。

人（ひと）が大（おお）きく口（くち）を開（あ）ける形（かたち）だよ。

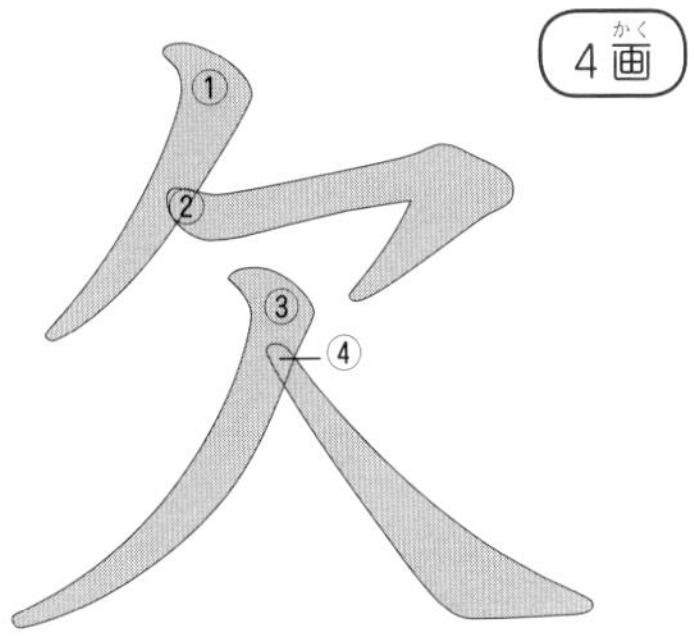

6年 欲　4年 欠　3年 次　2年 歌

書き方（かきかた）

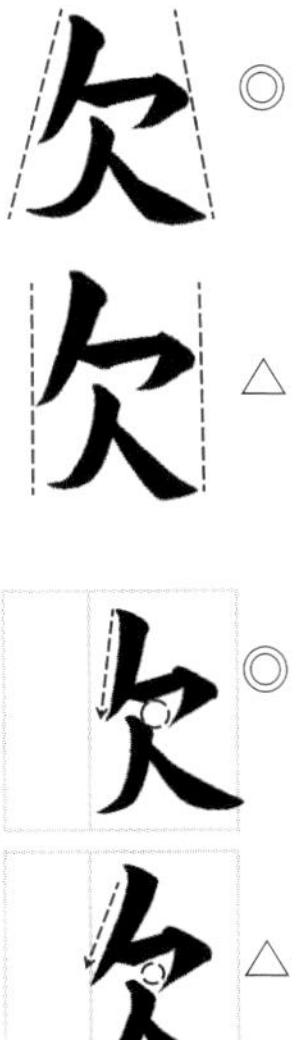

3年
長男（ちょうなん）の次（つぎ）に、次男（じなん）が口（くち）を開（あ）けて歌（うた）を歌（うた）いました。

次
ジ
（シ）
つぐ
つぎ
6画

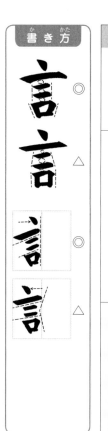

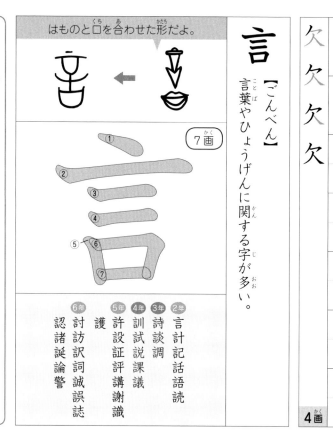

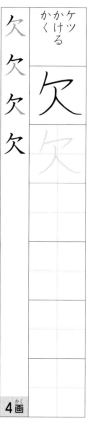

4年

歯が欠けたので、学校を欠席しました。

欠

ケツ
かける
かく

欠 欠 欠 欠

4画

言

【ごんべん】

言葉やひょうげんに関する字が多い。

はものと口を合わせた形だよ。

7画

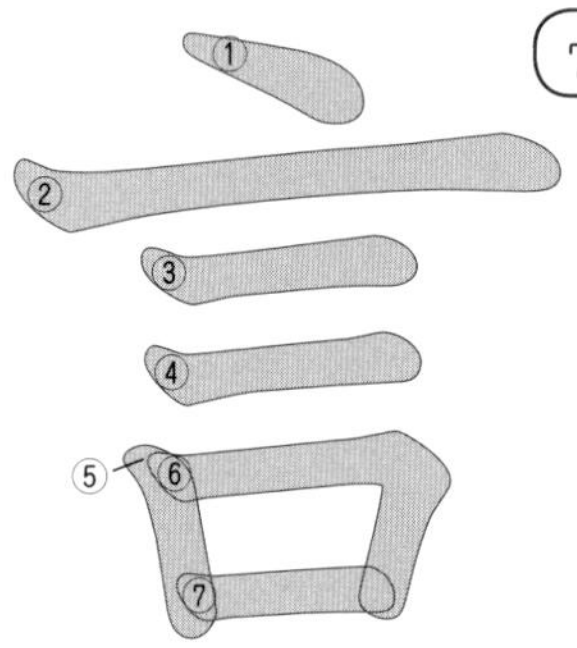

2年 言 計 記 話 語 読

3年 詩 談 調

4年 訓 試 説 課 議

5年 許 設 証 評 講 謝 識 護

6年 討 訪 訳 詞 誠 誤 誌 認 諸 誕 論 警

書き方

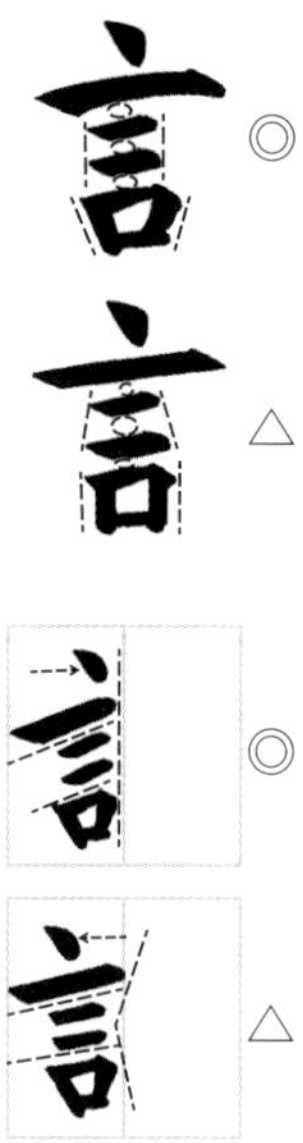

3年

この詩集の表紙について、相談しましょう。

詩

シ

詩 詩 詩 詩 詩 詩 詩

13画

談

ダン

談 談 談 談 談 談 談 談 談

15画

3年

みなさんの意見を調整します。

調

チョウ
しらべる
(ととのう)
(ととのえる)

調 調 調 調 調 調 調 調 調

15画

4年

会議で、ひなん訓練について説明します。

議（ギ）20画

訓（クン）10画

説（セツ（ゼイ）・とく）14画

4年

国語(こくご)の試験(しけん)に、課題図書(かだいとしょ)の本(ほん)から問題(もんだい)が出(だ)されました。

試（シ・こころみる（ためす））13画

課（カ）15画

音

【おと】

音(おと)に関係(かんけい)する字(じ)が多(おお)い。

「言」の口(くち)に「一」を入(い)れた形(かたち)だよ。

9画(かく)

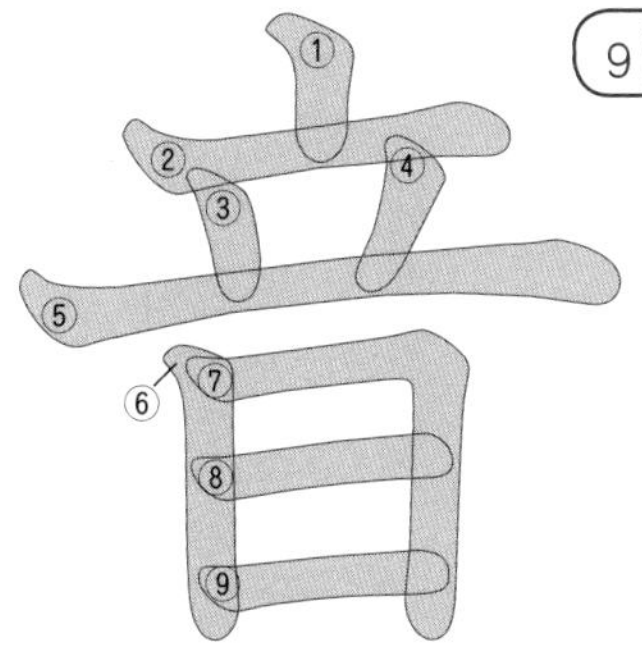

1年

音

自

【じ、みずから】

鼻(はな)に関係(かんけい)する字(じ)が多(おお)い。

鼻(はな)の形(かたち)だよ。

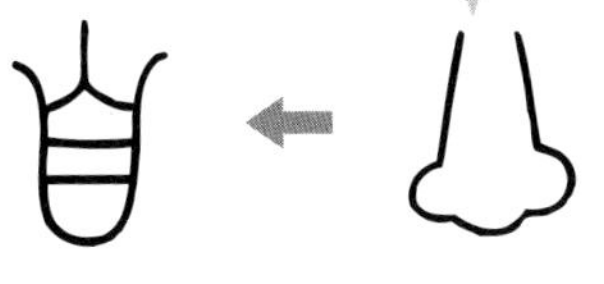

6画(かく)

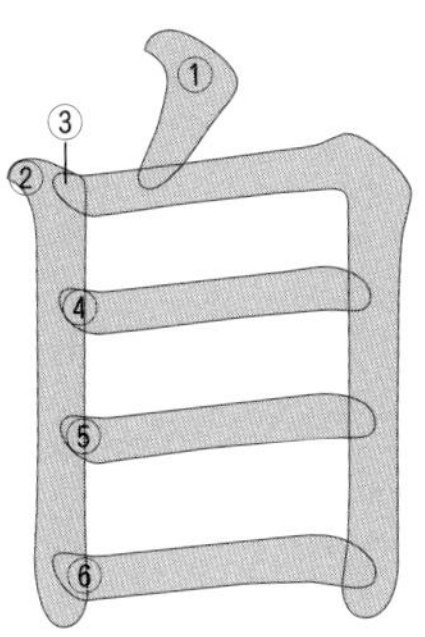

2年

自

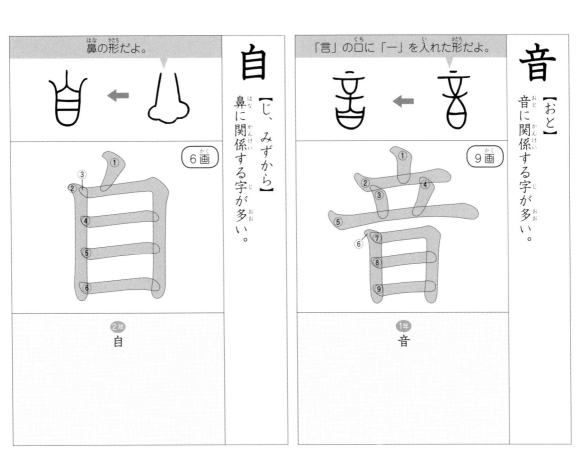

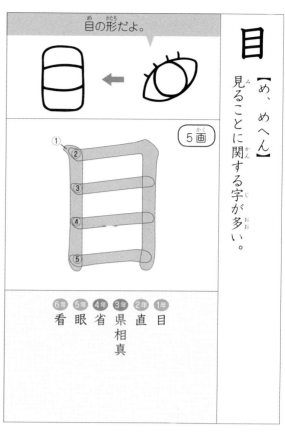

目

【め、めへん】

見(み)ることに関(かん)する字(じ)が多(おお)い。

5画(かく)

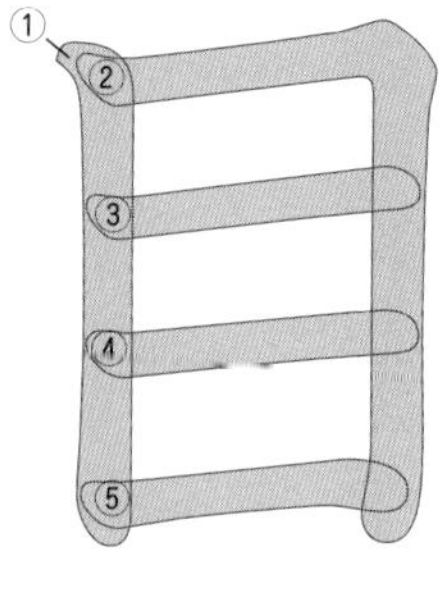

1年	2年	3年	4年	5年	6年
目	直	県 相 真	省	眼	看

書(か)き方(かた)

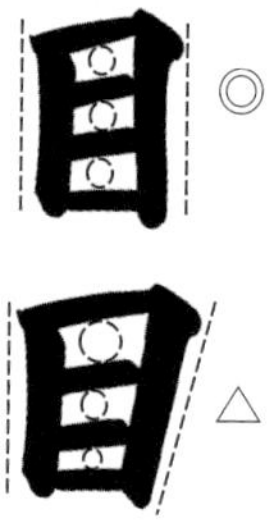

3 年(ねん)

県立(けんりつ)スポーツ公園(こうえん)から町(まち)の様子(ようす)をながめました。

県　ケン　9画(かく)

県 県 県 県 県 県 県 県 県

3 年(ねん)

相手(あいて)の目(め)を見(み)ながら、真実(しんじつ)を話(はな)し始(はじ)めた。

相　ソウ（ショウ）　あい　9画(かく)

相 相 相 相 相 相 相 相 相

真　シン　ま　10画(かく)

真 真 真 真 真 真 真 真 真 真

4 年(ねん)

発表会(はっぴょうかい)の練習(れんしゅう)の後(あと)、クラスのみんなで反省(はんせい)し合(あ)った。

省　セイ　ショウ　はぶく　（かえりみる）　9画(かく)

省 省 省 省 省 省 省 省 省

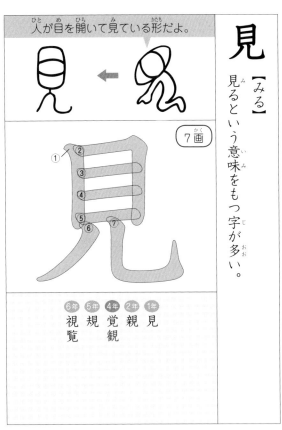

見

【みる】

見るという意味をもつ字が多い。

人が目を開いて見ている形だよ。

7画

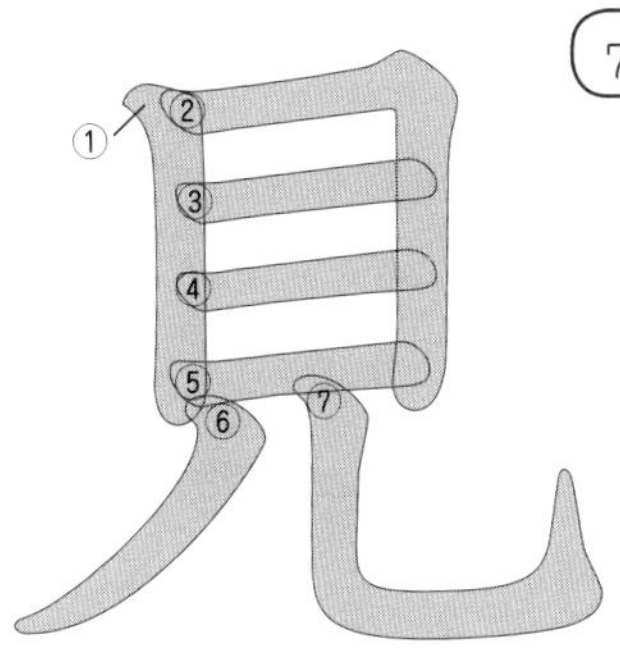

6年 視 覧

5年 規

4年 覚 観

2年 親

1年 見

書き方

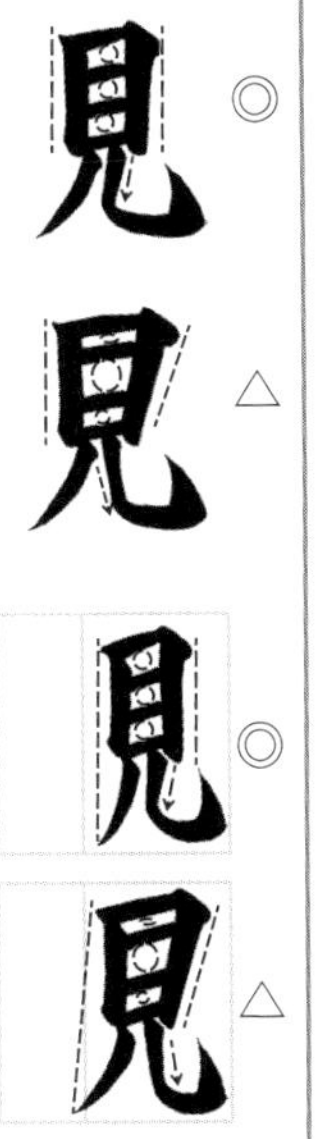

4年

サッカー観戦に行った時の楽しさは、よく覚えています。

観

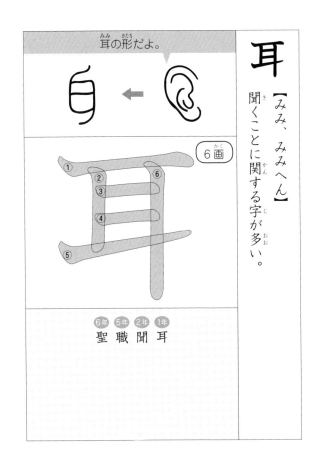

カン

18画

覚

カク
おぼえる
さます
さめる

12画

耳

【みみ、みみへん】

聞くことに関する字が多い。

耳の形だよ。

6画

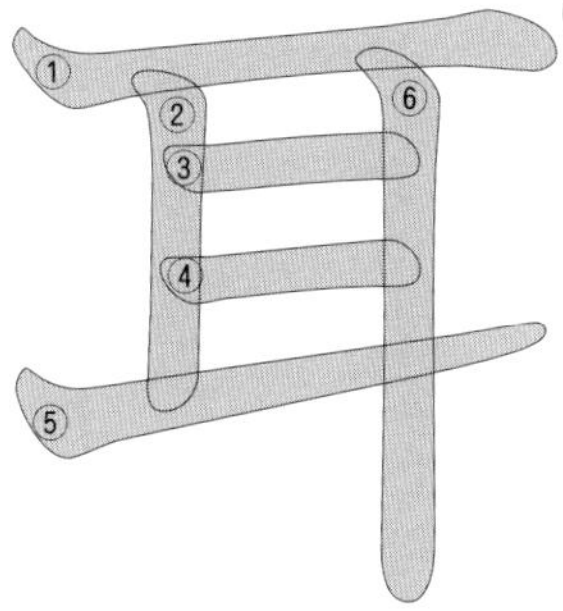

6年 聖

5年 職

2年 聞

1年 耳

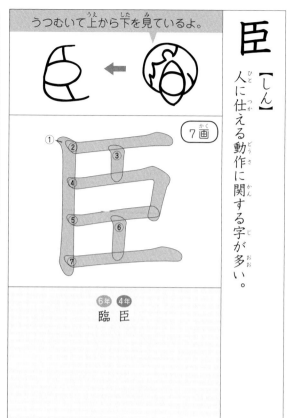

臣【しん】

人に仕える動作に関する字が多い。

うつむいて上から下を見ているよ。

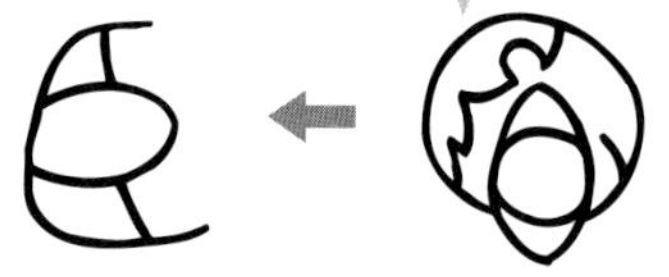

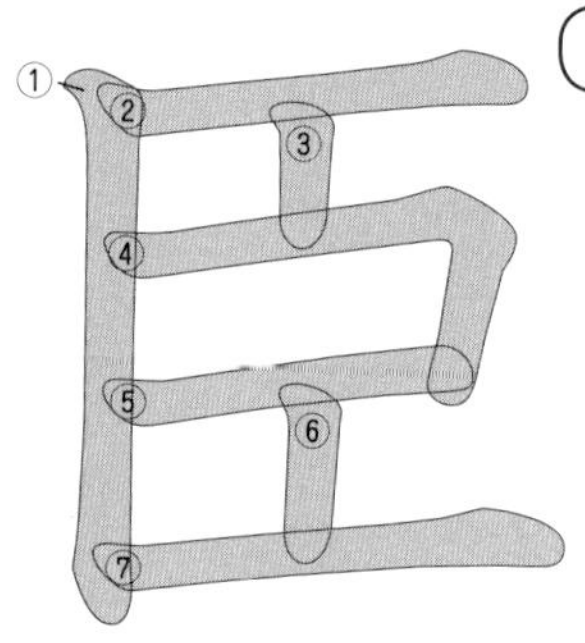

6年 4年

臨 臣

書き方

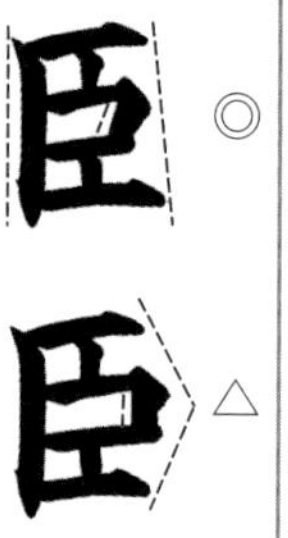

4年

王様の前に出ると、大臣はうつむいて下を見ました。

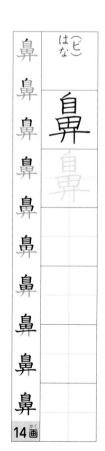

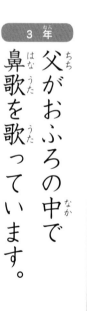

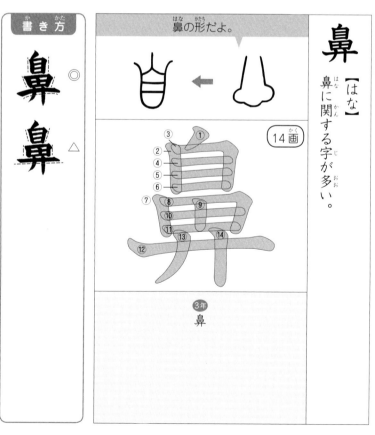

シン
ジン

臣 臣 臣 臣 臣 臣 臣

7画

鼻【はな】

鼻に関する字が多い。

鼻の形だよ。

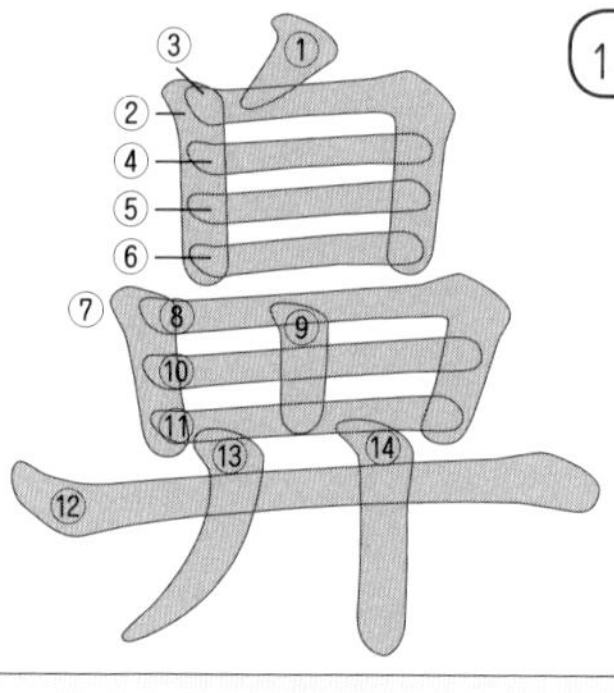

3年

鼻

書き方

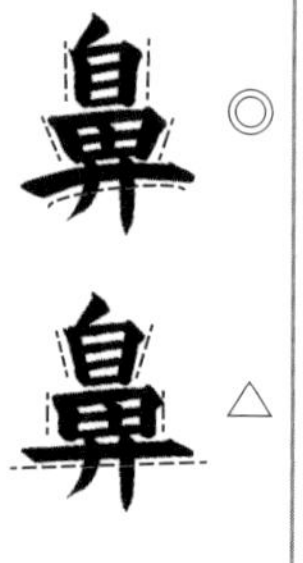

3年

父がおふろの中で鼻歌を歌っています。

(ビ)
はな

鼻 鼻 鼻 鼻 鼻 鼻 鼻 鼻 鼻 鼻

14画

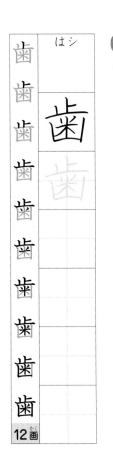

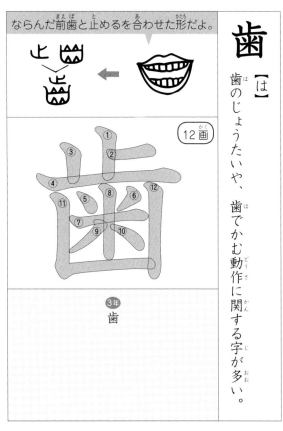

歯

【は】

歯のじょうたいや、歯でかむ動作に関する字が多い。

ならんだ前歯と止めるを合わせた形だよ。

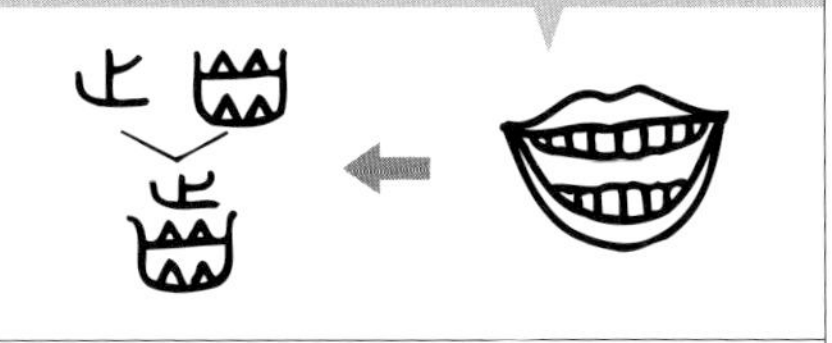

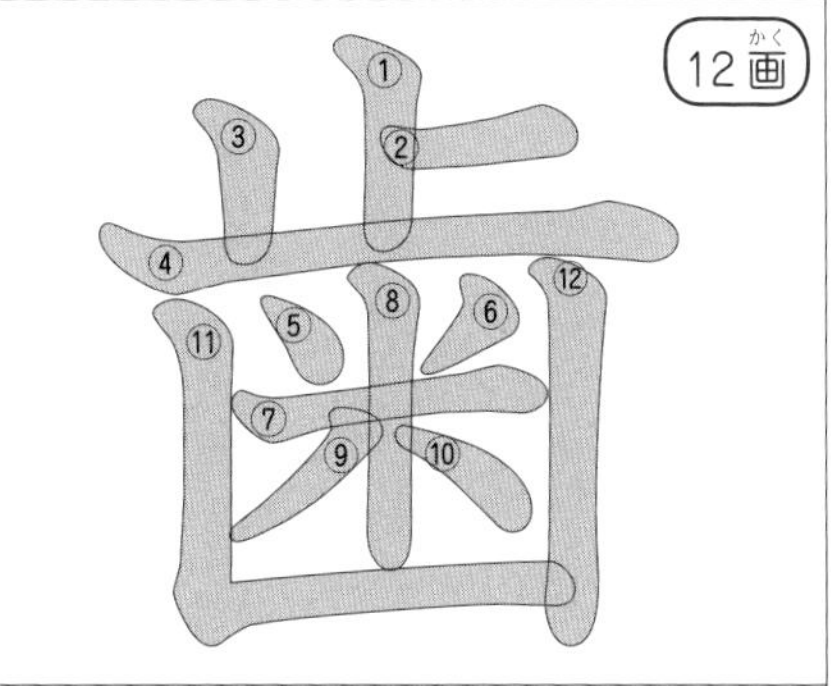

3年 歯

3年

友だちは、歯を見せてわらいました。

書き方

はシ

歯

毛

【け】

毛に関する字が多い。

動物の体の毛だよ。

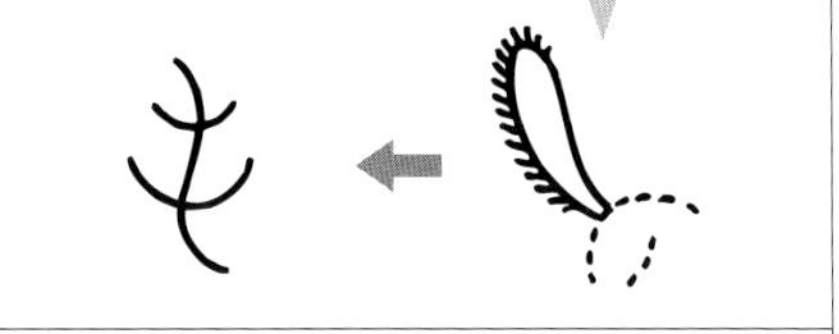

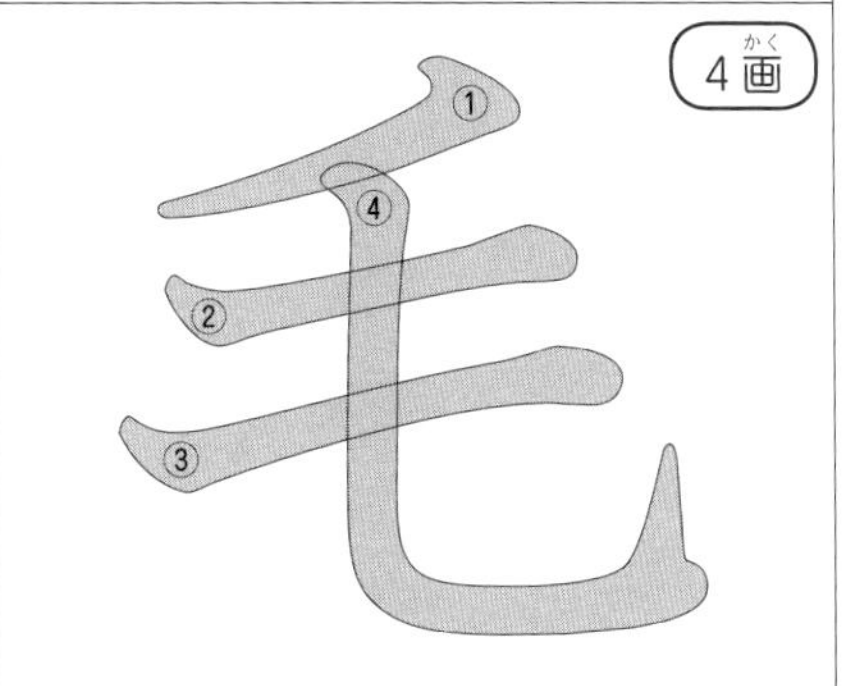

2年 毛

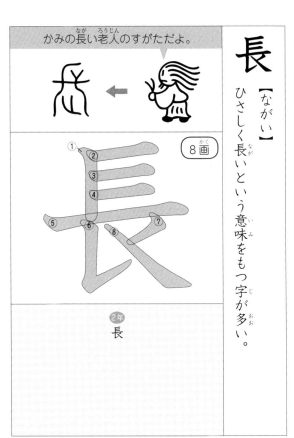

長

【ながい】

ひさしく長いという意味をもつ字が多い。

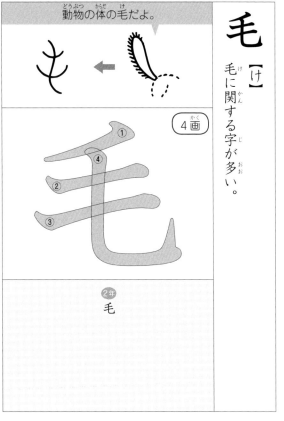

かみの長い老人のすがただよ。

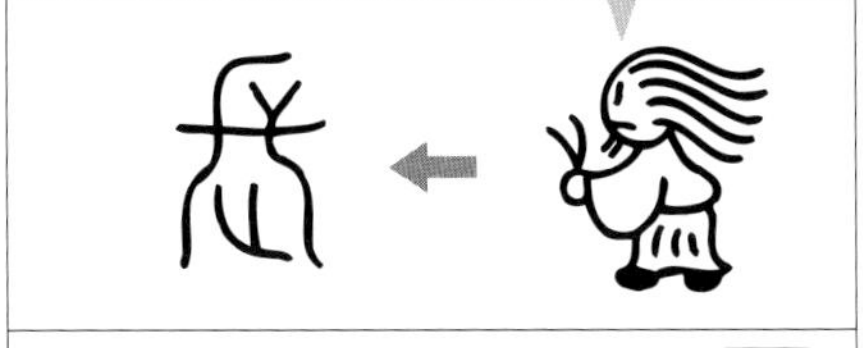

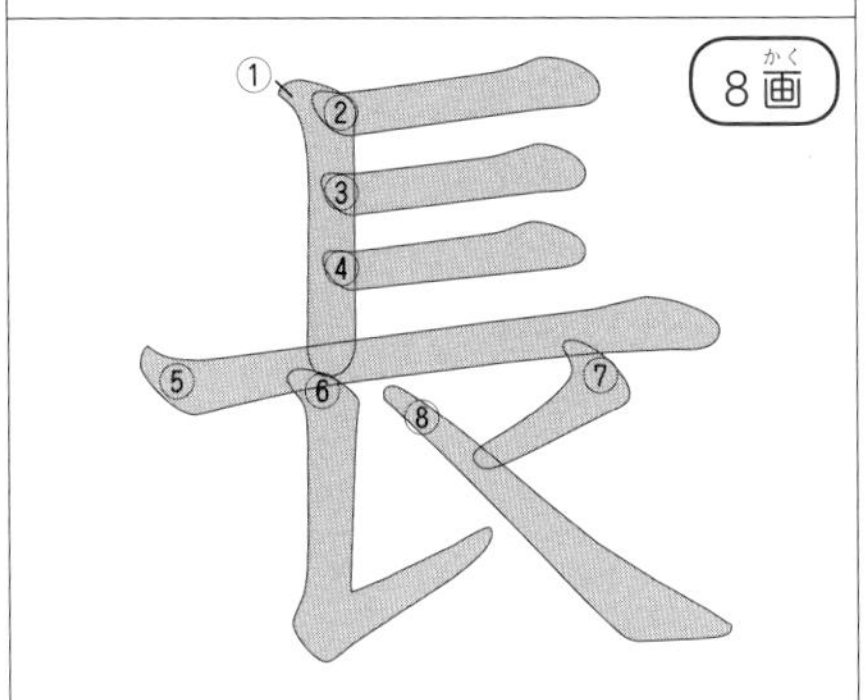

2年 長

老（耂）

【おいかんむり】

老人に関する字が多い。

長いしらがの、老人のすがただよ。

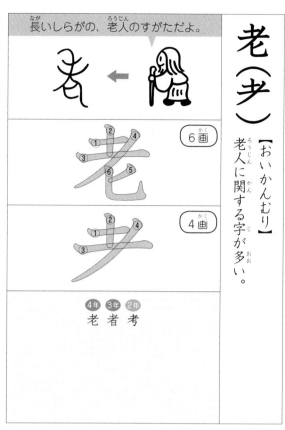

6画

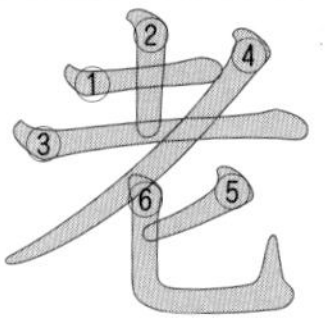

4画

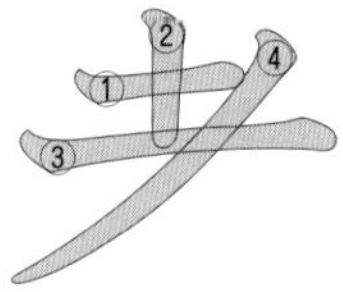

4年	3年	2年
老	者	考

書き方

3年

わたしの母は医者です。

者　シャ　もの

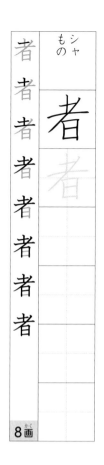

者 者 者 者 者 者 者

8画

4年

村の長老に、昔の話を聞きました。

老　ロウ　おいる（ふける）

老 老 老 老 老

6画

頁

【おおがい】

頭や首の動作に関する字が多い。

頭を大きくえがいた、人の形だよ。

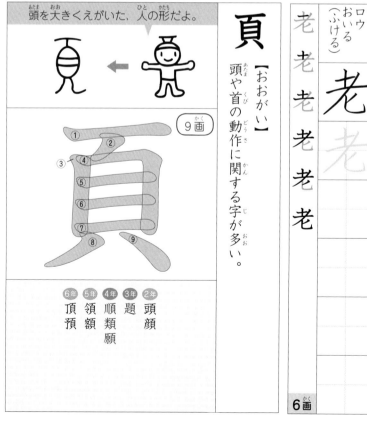

9画

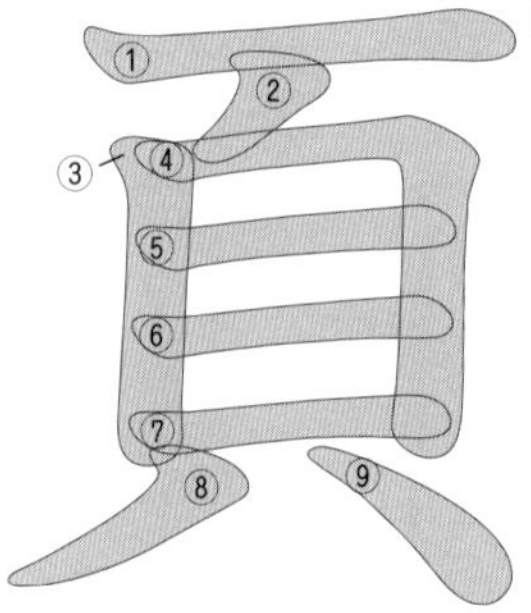

6年	5年	4年	3年	2年
頂 預	領 額	順 類 願	題	頭 顔

書き方

3年

作文(さくぶん)の題名(だいめい)を考(かんが)えています。

題
ダイ
18画

4年

七夕(たなばた)の願(ねが)いごとの紙(かみ)を種類(しゅるい)に分(わ)けて順番(じゅんばん)にならべました。

願
ガン
ねがう
19画

類
ルイ
たぐい
18画

順
ジュン
12画

面【めん】

顔(かお)に関(かん)する字(じ)が多(おお)い。

顔(かお)をかこんだ形(かたち)だよ。

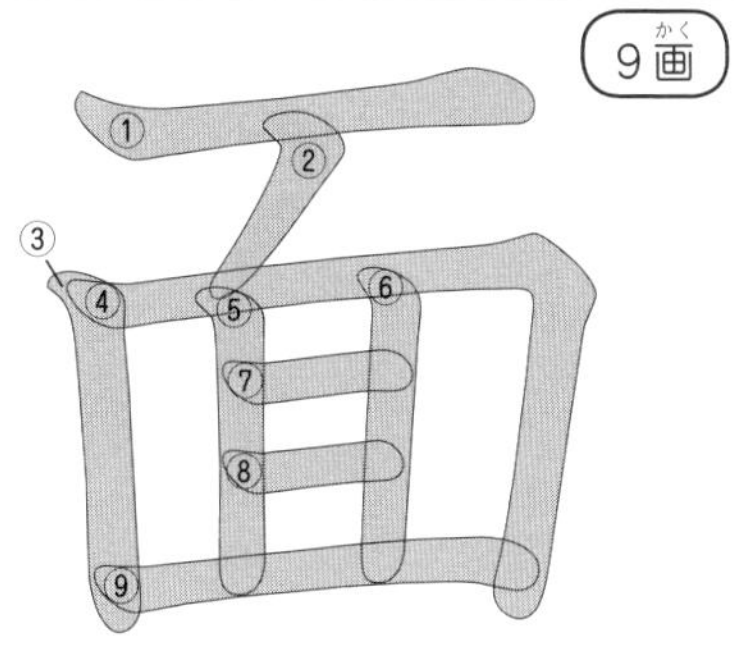

3年
面

書(か)き方(かた)

3年

顔面(がんめん)にボールがぶつかりました。

面
メン
（おも）
（おもて）
（つら）
9画

手（て）がもとになった部首

首【くび】

頭に関する字が多い。

かみの毛の生えた頭の形だよ。

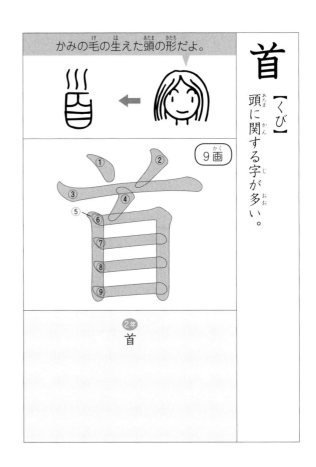

9画

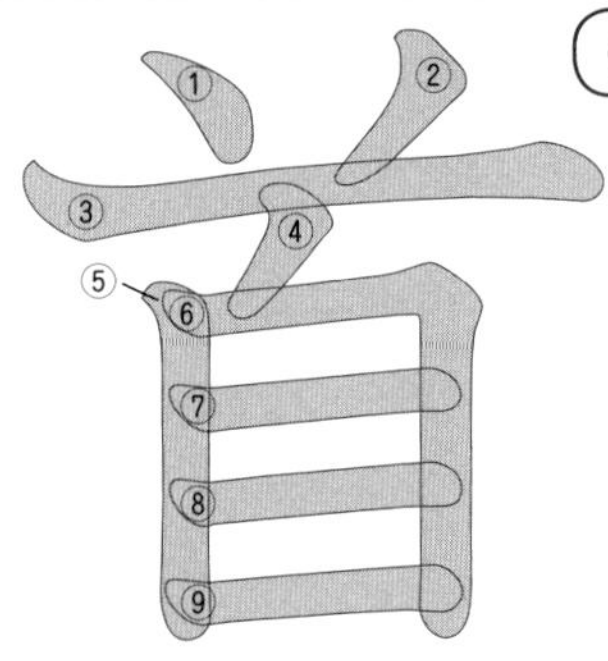

2年 首

力【ちから】

力をこめること、働くことに関する字が多い。

きん肉をもり上がらせて、力をこめている形だよ。

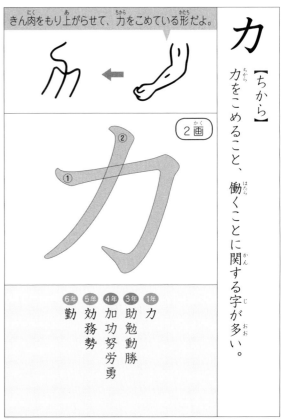

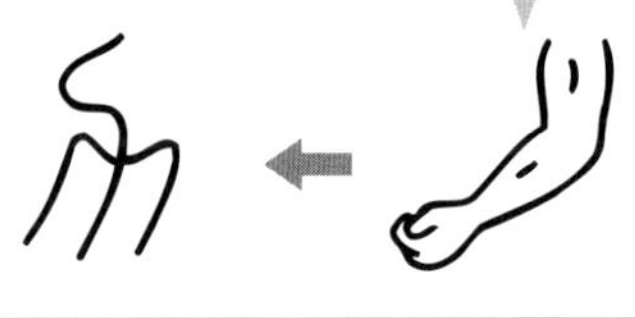

2画

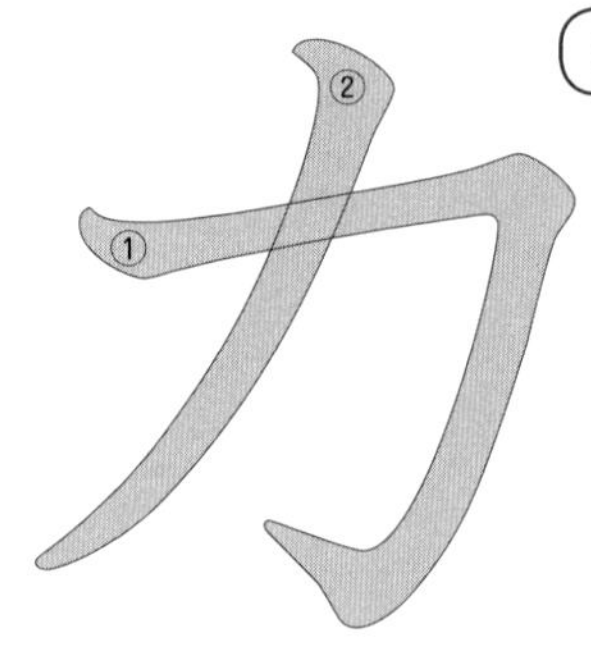

1年 力
3年 助 勉 動 勝
4年 加 功 努 労 勇
5年 効 務 勢
6年 勤

書き方

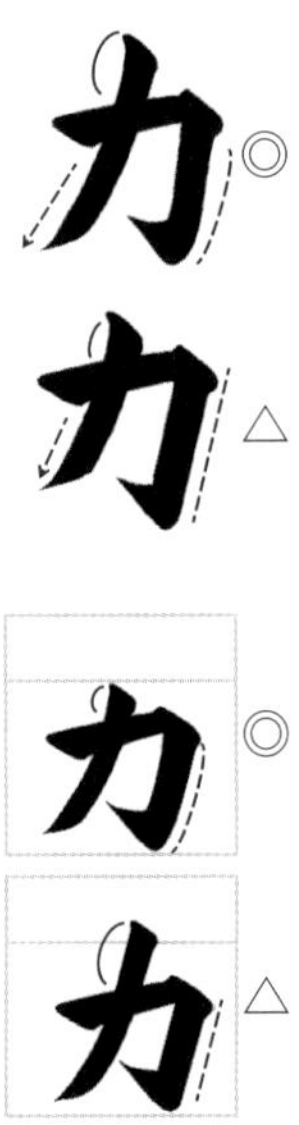

3年

君が手助けしてくれたおかげで、ゲームに勝つことができたよ。

助
ジョ たすける たすかる （すけ）
助

7画

勝
ショウ
かつ
（まさる）
勝勝勝勝勝勝勝勝勝
12画

3年
勉強だけでなく、運動も大切ですよ。

勉
ベン
勉勉勉勉勉勉勉勉勉勉
10画

動
ドウ
うごく
うごかす
動動動動動動動動動動動
11画

4年
勇者を乗せた馬は加速して去っていった。

勇
ユウ
いさむ
勇勇勇勇勇勇勇勇勇
9画

加
カ
くわえる
くわわる
加加加加加
5画

4年
大変な苦労と努力の末に、実験に成功した。

労
ロウ
労労労労労労労
7画

努
ド
つとめる
努努努努努努努
7画

功
コウ
（ク）
功功功功功
5画

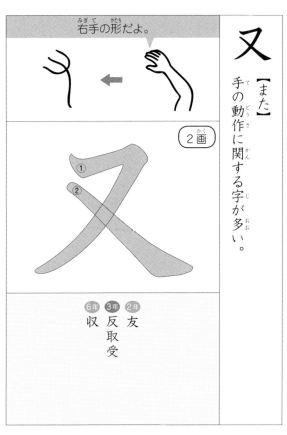

又【また】

手の動作に関する字が多い。

右手の形だよ。

2画

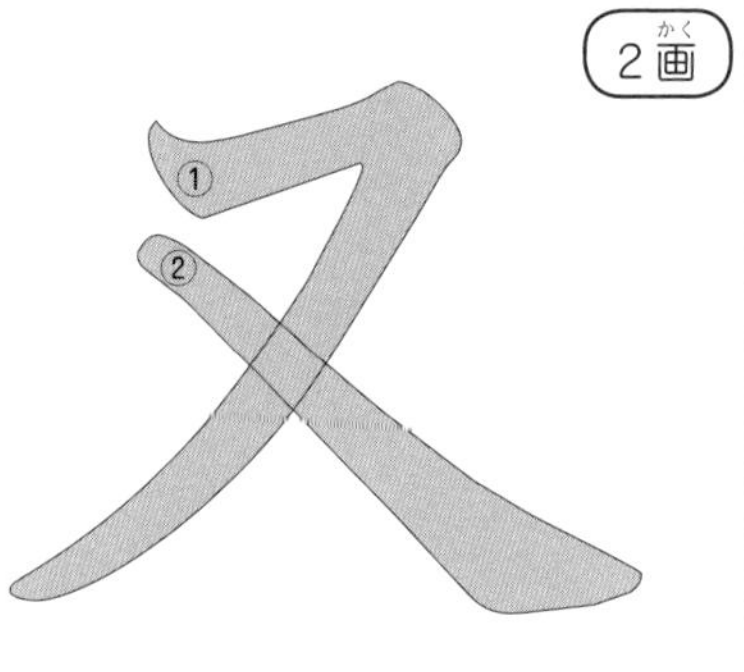

6年 収

3年 反 取 受

2年 友

書き方

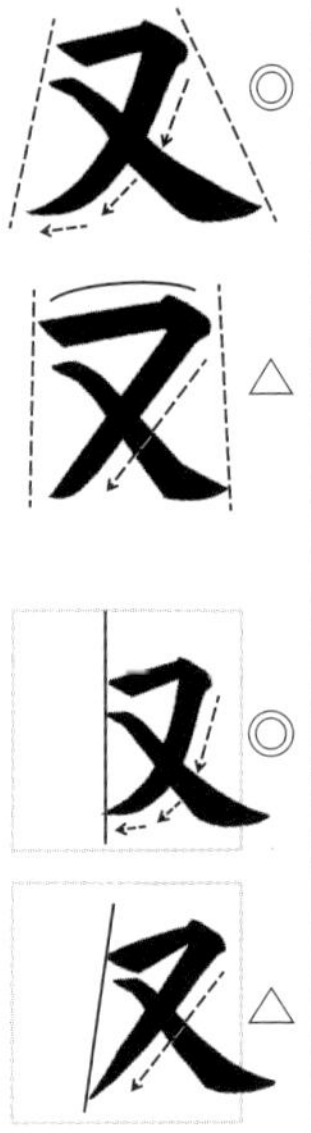

3年

体を後ろに反らして、とんできたボールを手でキャッチしました。

反　ハン　(ホン)　(タン)　そる　そらす

反 反 反 反

4画

3年

ドッジボールを受け止め、強く投げ返したが、ボールを取られた。

受　ジュ　うける　うかる

受 受 受 受 受 受 受 受

8画

取　シュ　とる

取 取 取 取 取 取 取 取

8画

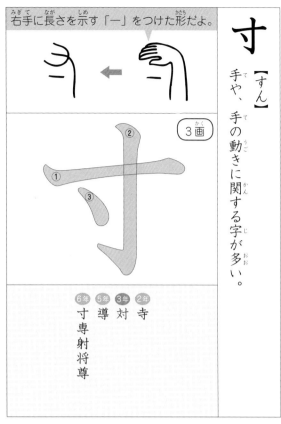

寸【すん】

手や、手の動きに関する字が多い。

右手に長さを示す「一」をつけた形だよ。

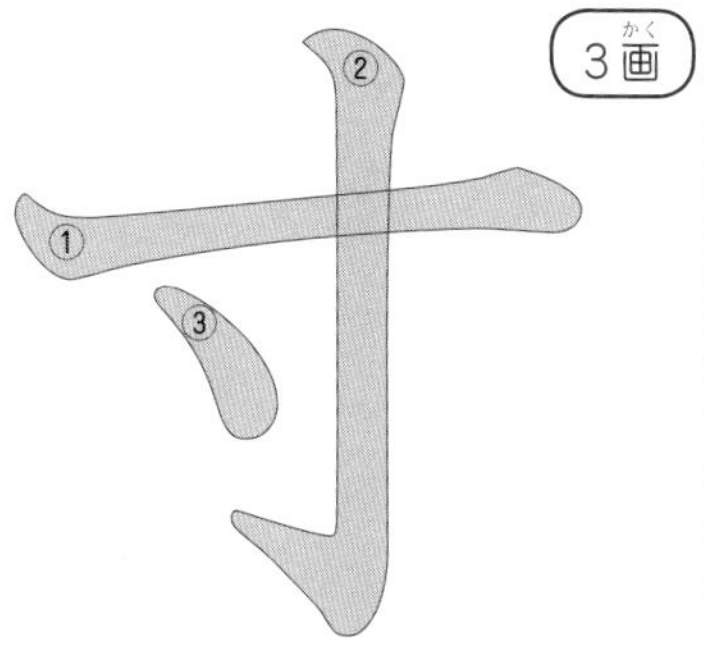

2年	3年	5年	6年
寺	対	導	寸専射将尊

書き方

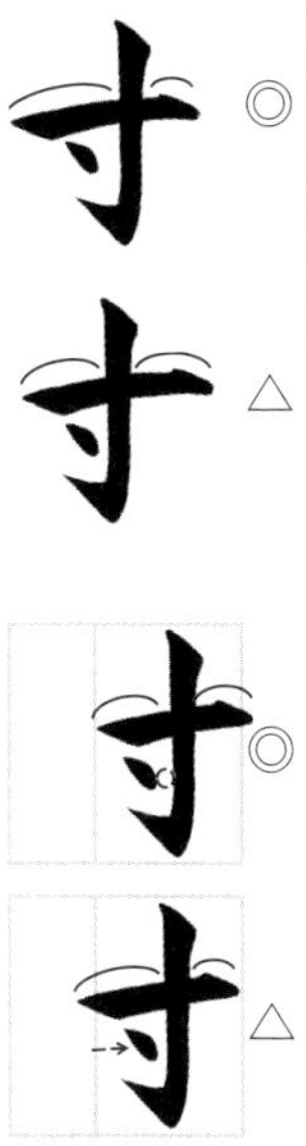

3年

赤組対白組の玉入れが始まった。

対　タイ（ツイ）

7画

手（扌）【て（てへん）】

手に関する字が多い。

手の形だよ。

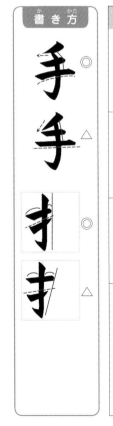

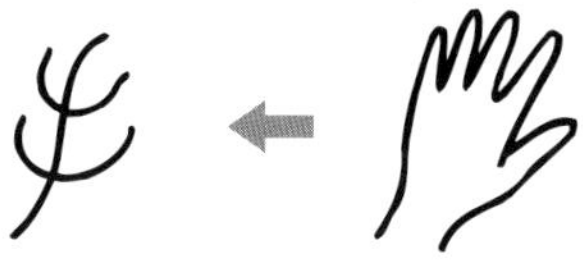

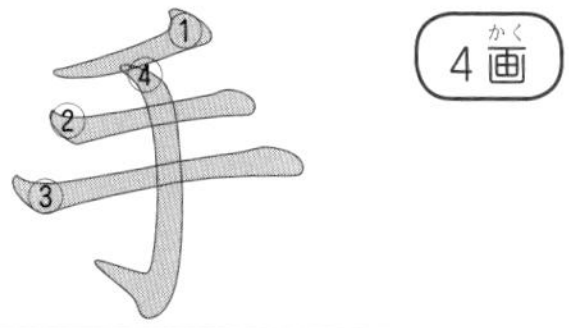

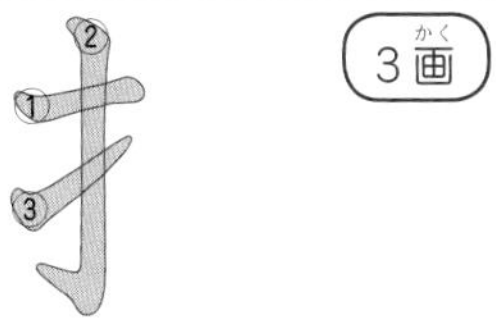

1年	2年	3年	4年	5年	6年
手	才	打投指持拾	折挙	技招採授接提損	批拡承担拝捨推探揮操

書き方

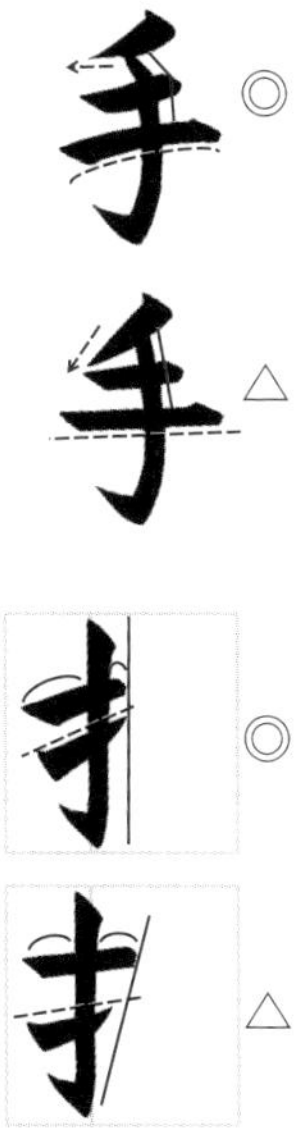

3年

ボールを投げた時、指がすべって打者に打ち返されてしまった。

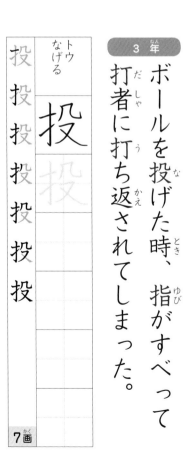

投　トウ　なげる

7画

指

シ
ゆび
さす

9画(かく)

打

ダ
うつ

5画(かく)

3年(ねん)

持病(じびょう)で入院(にゅういん)しているおばに、花(はな)を持(も)って行(い)きました。

持

ジ
もつ

9画(かく)

3年(ねん)

弟(おとうと)は、道(みち)に落(お)ちている物(もの)を何(なん)でも拾(ひろ)ってきてしまう。

拾

(シュウ)
(ジュウ)
ひろう

9画(かく)

4年(ねん)

「その先(さき)を左折(させつ)した所(ところ)が、選挙(せんきょ)の投票所(とうひょうじょ)です。」と手(て)ぶりでしめした。

折

セツ
おる
おり
おれる

7画(かく)

挙

キョ
あげる
あがる

10画(かく)

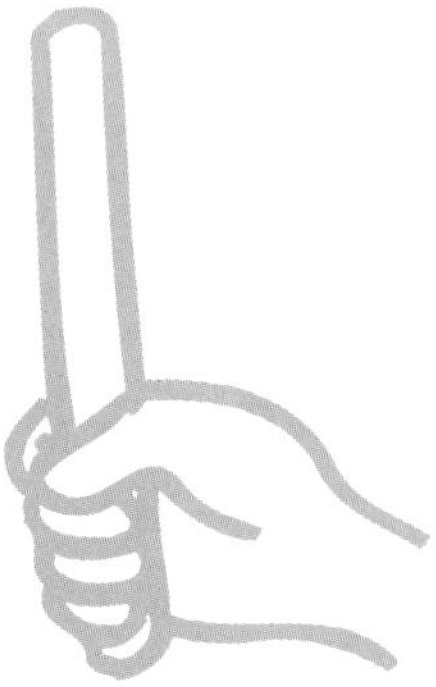

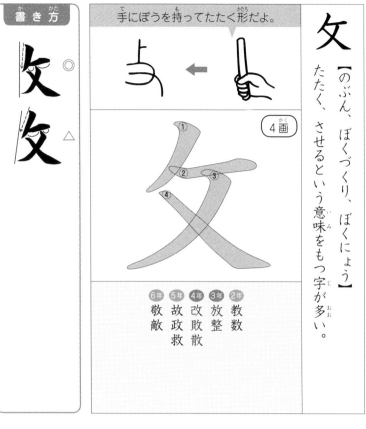

攵

【のぶん、ぼくづくり、ぼくにょう】

たたく、させるという意味(いみ)をもつ字(じ)が多(おお)い。

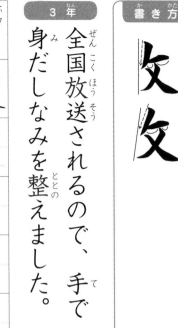

手(て)にぼうを持(も)ってたたく形(かたち)だよ。

4画(かく)

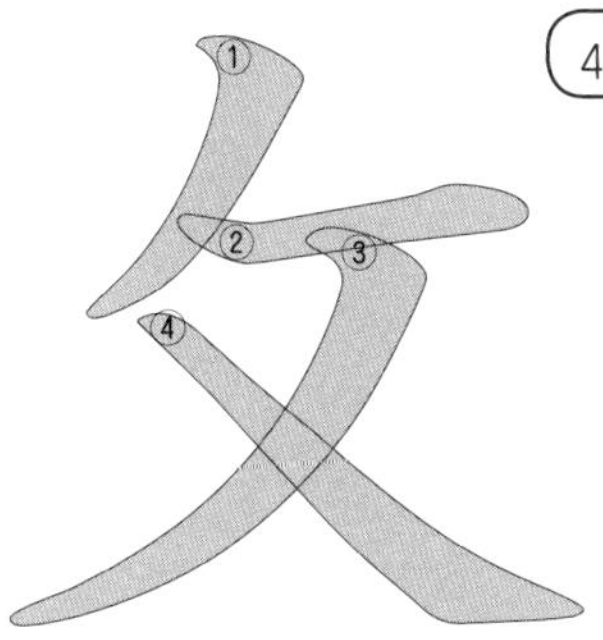

2年 教 数
3年 放 整
4年 改 敗 散
5年 故 政 救
6年 敬 敵

書(か)き方(かた)

3年(ねん)

全国放送(ぜんこくほうそう)されるので、手(て)で身(み)だしなみを整(ととの)えました。

放

ホウ
はなす
はなつ
はなれる
ほうる

8画(かく)

放 放 放 放 放 放 放 放

整

セイ
ととのえる
ととのう

16画(かく)

整 整 整 整 整 整 整 整 整 整 整 整 整 整 整 整

4年(ねん)

敗北(はいぼく)した兵隊(へいたい)は、散(ち)り散(ぢ)りになってにげました。

敗

ハイ
やぶれる

11画(かく)

敗 敗 敗 敗 敗 敗 敗 敗 敗 敗 敗

散

サン
ちる
ちらす
ちらかす
ちらかる

12画(かく)

散 散 散 散 散 散 散 散 散 散 散 散

4年(ねん)

目標(もくひょう)を改(あらた)めてがんばろうと、手(て)を強(つよ)くにぎりしめた。

改

カイ
あらためる
あらたまる

7画(かく)

改 改 改 改 改 改 改

足（あし）がもとになった部首

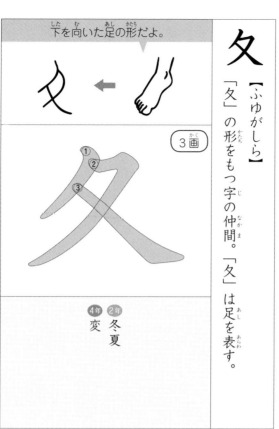

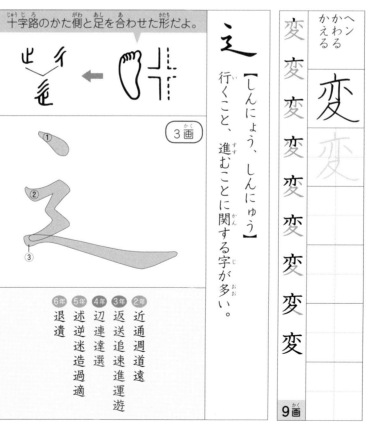

夂

【ふゆがしら】

「夂」の形をもつ字の仲間。「夂」は足を表す。

下を向いた足の形だよ。

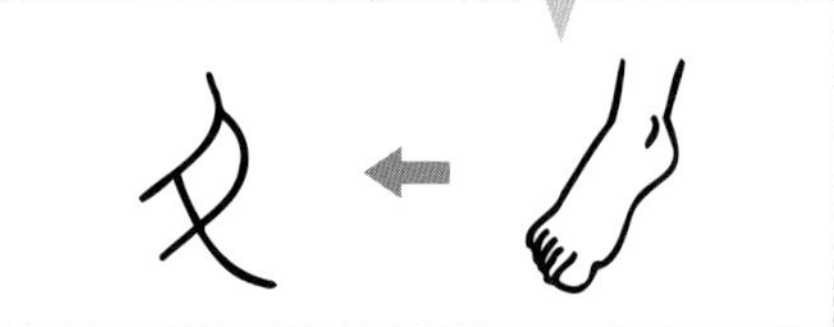

3画

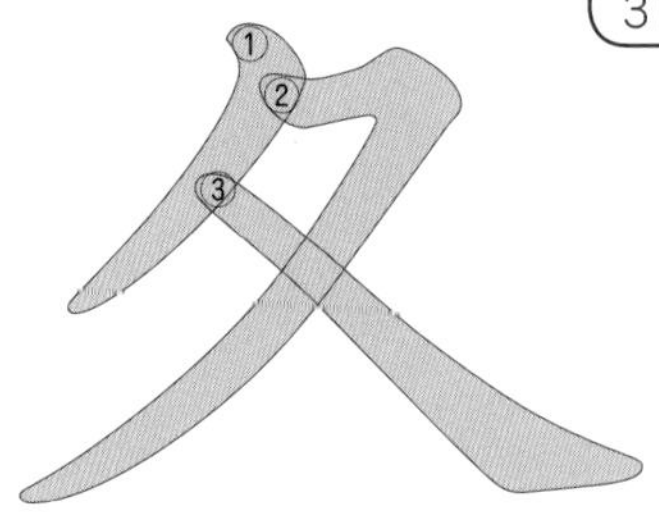

4年 変

2年 冬 夏

書き方

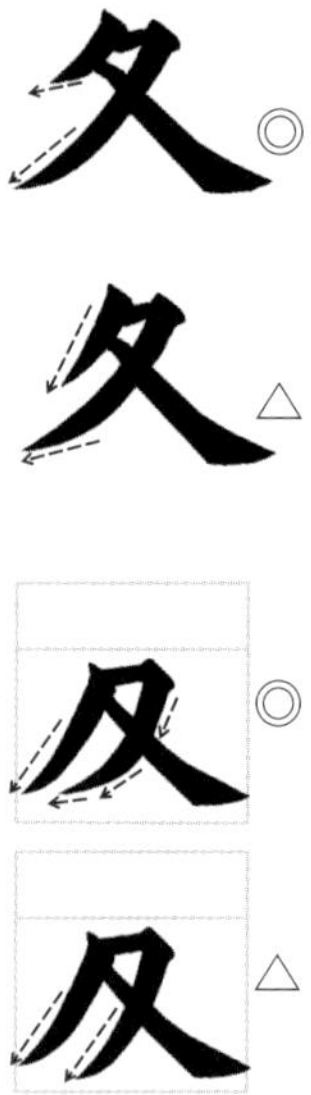

4年

四年生になって身長がのび、足のサイズも変わりました。

変　ヘン　かわる　かえる　9画

変 変 変 変 変 変 変 変 変

辶

【しんにょう、しんにゅう】

行くこと、進むことに関する字が多い。

十字路のかた側と足を合わせた形だよ。

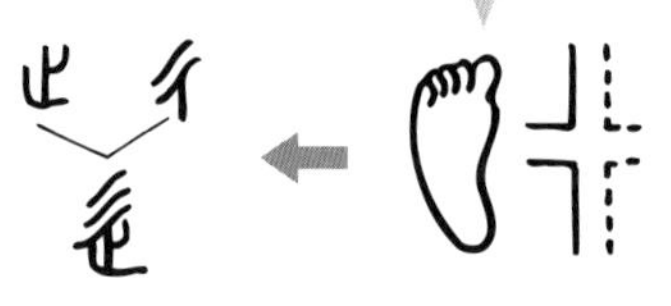

3画

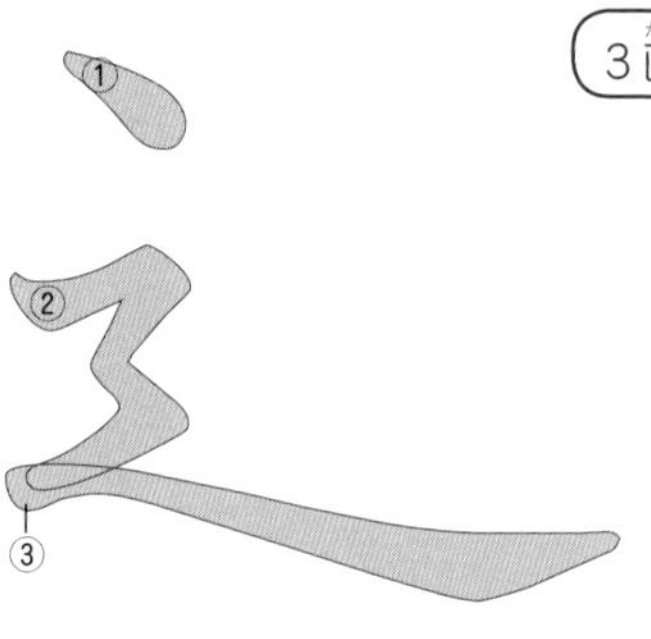

2年 近 通 週 道 遠

3年 返 送 追 速 進 運 遊

4年 辺 連 達 選

5年 述 逆 迷 造 過 適

6年 退 遺

書き方

3年

お返(かえ)しの品(しな)を、運送屋(うんそうや)さんにとどけてもらいました。

返　ヘン／かえす／かえる　7画(かく)

運　ウン／はこぶ　12画(かく)

送　ソウ／おくる　9画(かく)

3年

友(とも)だちが、すごい速(はや)さで追(お)いかけてきます。

速　ソク／はやい／はやめる／はやまる／(すみやか)　10画(かく)

追　ツイ／おう　9画(かく)

3年

遊園地(ゆうえんち)へ向(む)かう道(みち)を、一人(ひとり)で進(すす)みました。

遊　ユウ／(ユ)／あそぶ　12画(かく)

進　シン／すすむ／すすめる　11画(かく)

4年

海辺(うみべ)で、きれいな貝(かい)がらを選(えら)んで拾(ひろ)いながら歩(ある)きました。

辺　ヘン／あたり／べ　5画(かく)

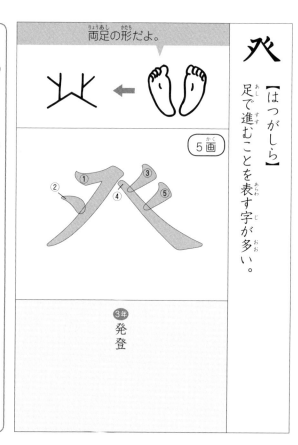

選

セン
えらぶ

選

15画

4年

五年連続で、売り上げの目標を達成しました。

連

レン
つらなる
つらねる
つれる

連

10画

達

タツ

達

12画

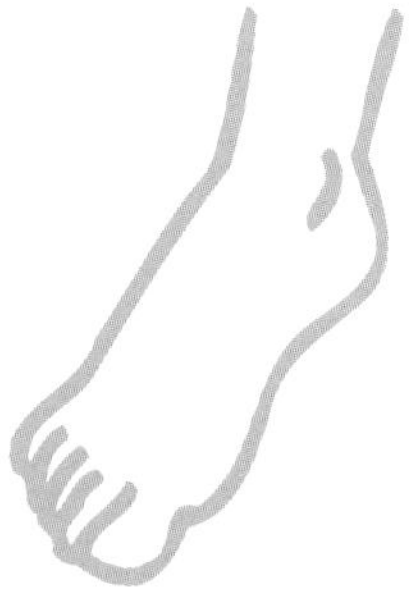

癶

【はつがしら】

足で進むことを表す字が多い。

両足の形だよ。

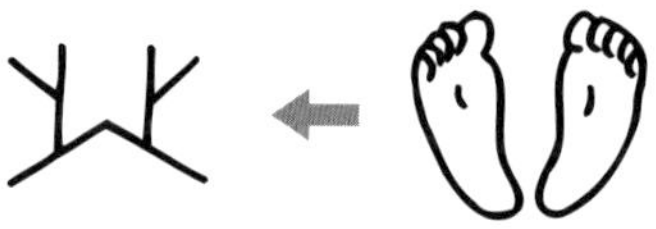

5画

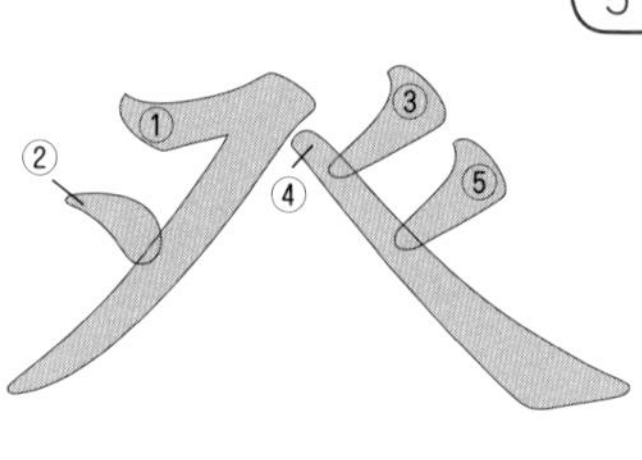

3年 発 登

書き方

3年

冬山の登山に出発します。

登

トウ
ト
のぼる

登

12画

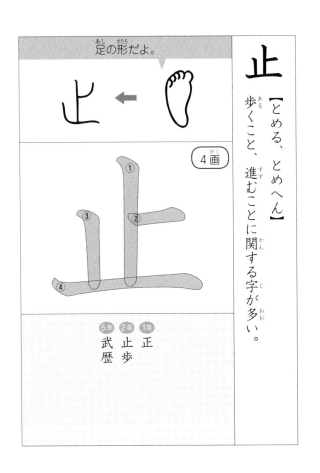

ハツ
（ホツ）

発

発 発 発 発 発 発 発 発 発

9画

止

【とめる、とめへん】

歩くこと、進むことに関する字が多い。

足の形だよ。

4画

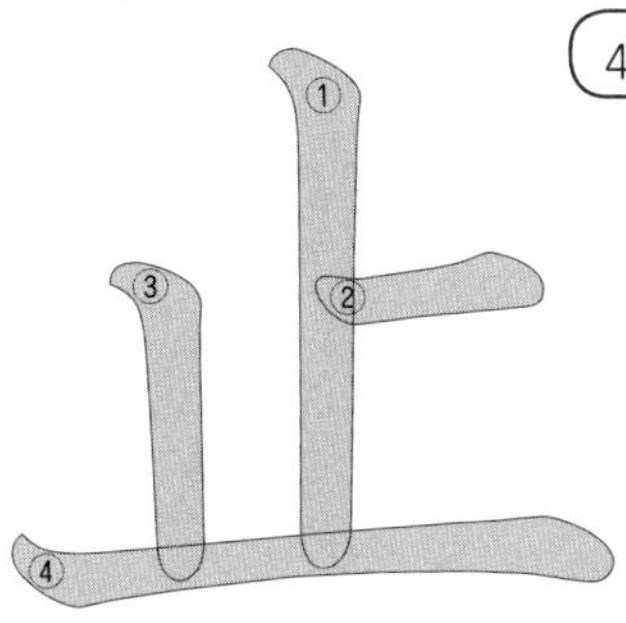

1年	2年	5年
正	止 歩	武 歴

足（⻊）

【あし（あしへん）】

足の動きを表す字が多い。

ひざと足先を合わせた形だよ。

7画

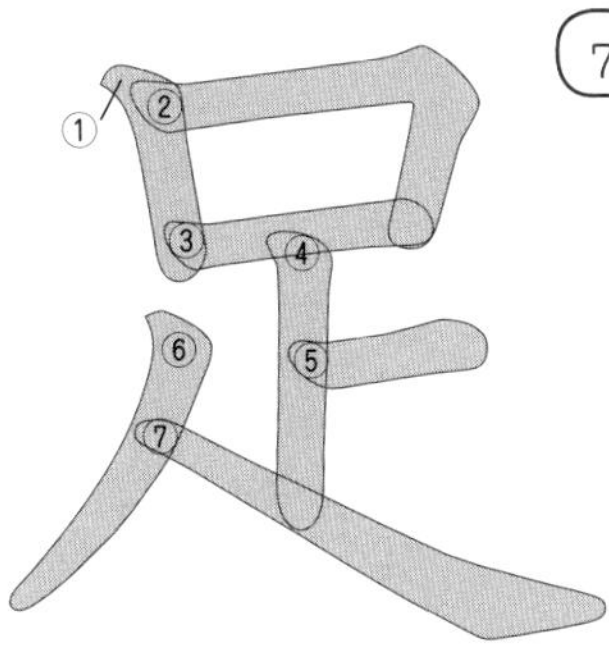

1年	3年
足	路

書き方

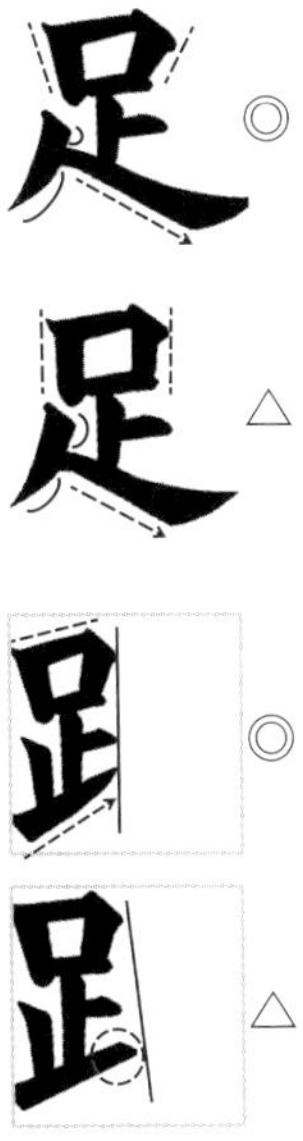

3年

路地うらに、たくさんのネコが集まっています。

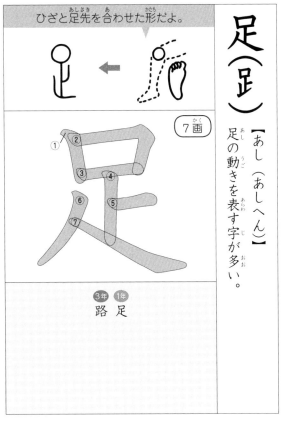

ロ
じ

路

路

路 路 路 路 路 路 路

13画

走

【はしる、そうにょう】

走る、飛び上がることに関する字が多い。

手足を広げた人と足を合わせた形だよ。

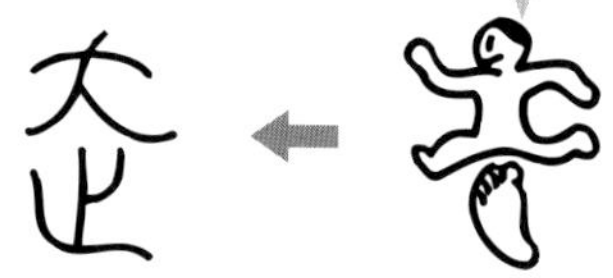

7画

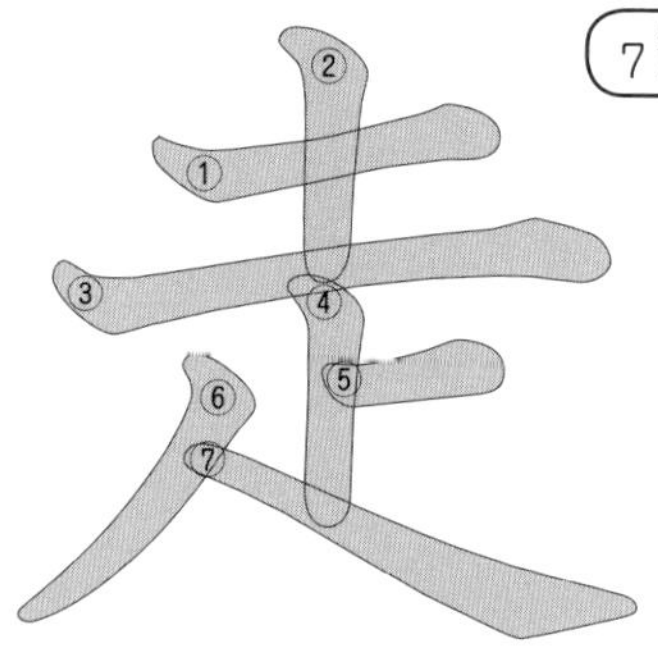

3年 起

2年 走

書き方

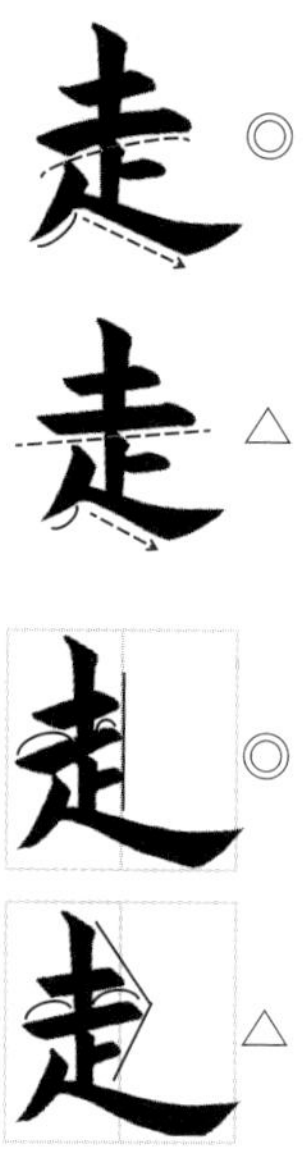

3年

わたしは毎朝、六時に起きて近所を走っています。

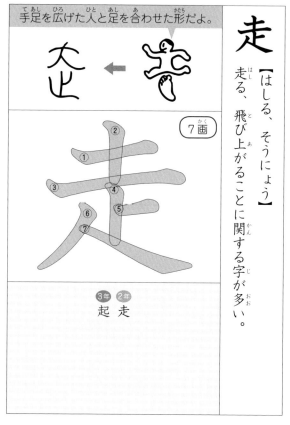

起

キ
おきる
おこる
おこす

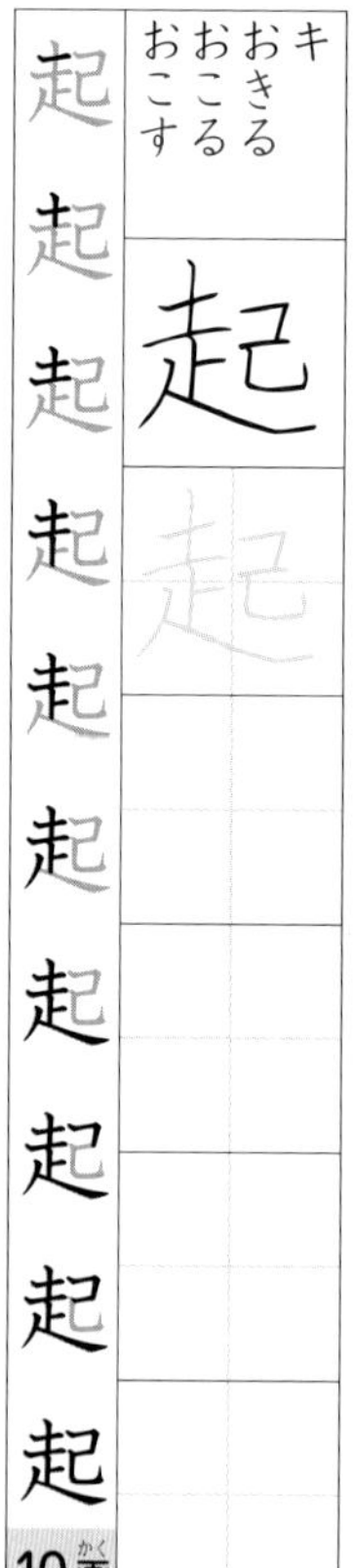

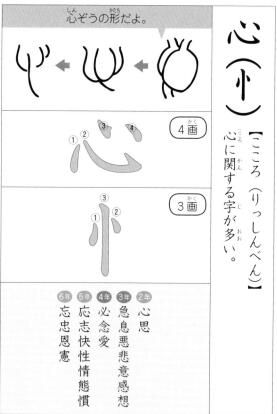

10画

心と体がもとになった部首

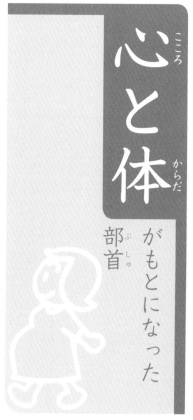

心（忄）

【こころ（りっしんべん）】

心に関する字が多い。

心ぞうの形だよ。

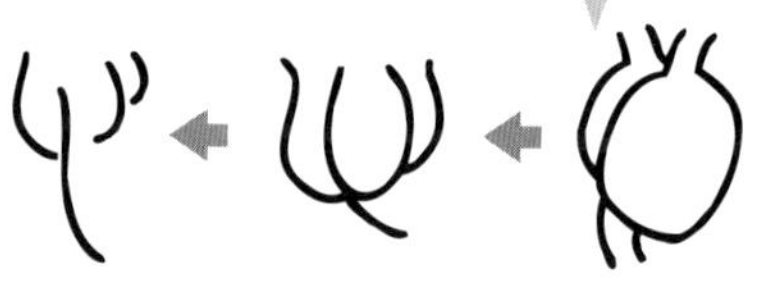

4画

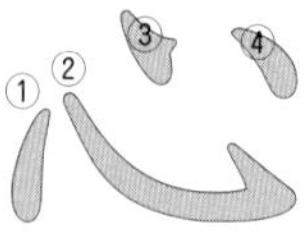

3画

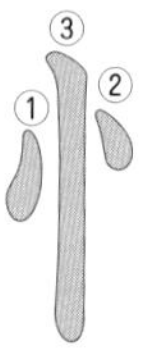

2年 心思

3年 急息悪悲意感想

4年 必念愛

5年 応志快性情態慣

6年 忘忠恩憲

書き方

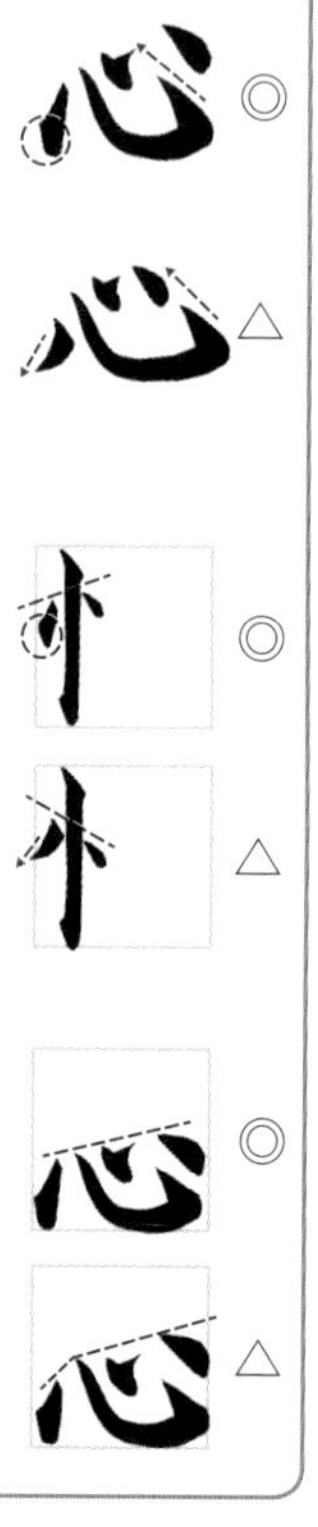

3年

急いで坂道を上ったので、心ぞうがどきどきして息が切れました。

急 キュウ いそぐ 9画

急急急急急急急急急

息 ソク いき 10画

息息息息息息息息息息

3年

「人の悪口はやめようよ。」と、意見しました。

悪 アク (オ) わるい 11画

悪悪悪悪悪悪悪悪

意 イ 13画

意意意意意意意意意意

3年

悲しい物語を読んで、感想文を書きました。

悲 ヒ かなしい かなしむ 12画

悲悲悲悲悲悲悲悲悲

感 カン 13画

感感感感感感感感感感

想 ソウ (ソ) 13画

想想想想想想想想想想

4年

あの人は、必ずここに帰ってきます。

必 ヒツ かならず 5画

必必必必必

4年

別れの記念に、心をこめて愛用のペンをプレゼントしました。

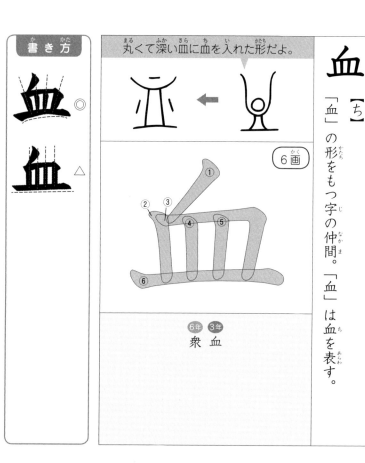

念 ネン 8画

念 念 念 念 念 念 念 念 念

愛 アイ 13画

愛 愛 愛 愛 愛 愛 愛 愛 愛 愛 愛

血

【ち】

「血」の形をもつ字の仲間。「血」は血を表す。

丸くて深い皿に血を入れた形だよ。

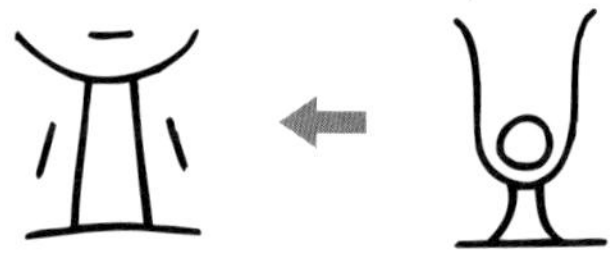

6画

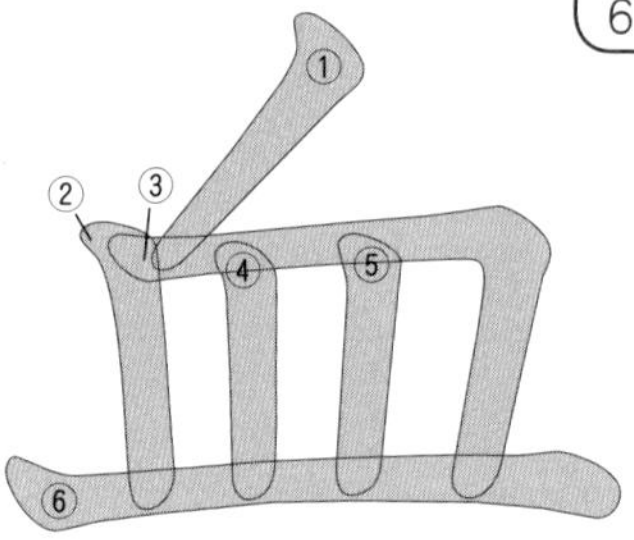

6年 3年
衆 血

書き方

3年

転んでしまい、ひざから血が出ました。

血 ケツ ち 6画

血 血 血 血 血 血 血

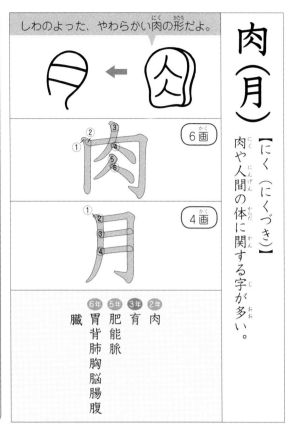

肉（月）

【にく（にくづき）】

肉や人間の体に関する字が多い。

しわのよった、やわらかい肉の形だよ。

6画

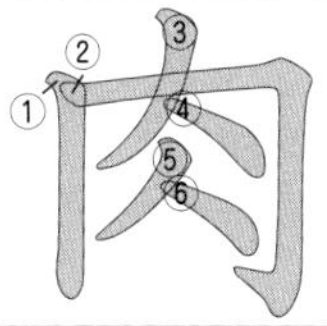

4画

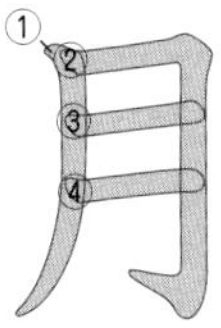

2年	3年	5年	6年
肉	育	肥能脈	胃背肺胸脳腸腹臓

書き方

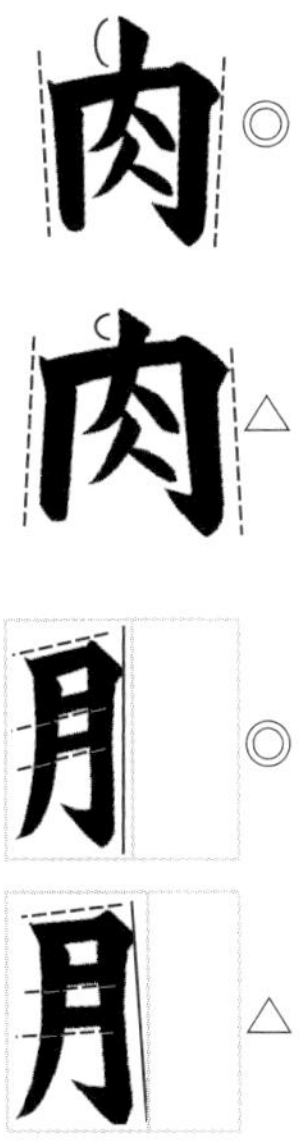

3年

子どもは十分な食べ物をあたえられ、すくすくと育ちました。

育　イク　そだつ　そだてる　はぐくむ

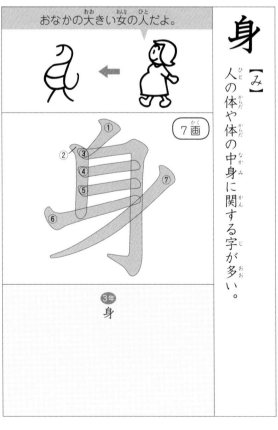

8画

身

【み】

人の体や体の中身に関する字が多い。

おなかの大きい女の人だよ。

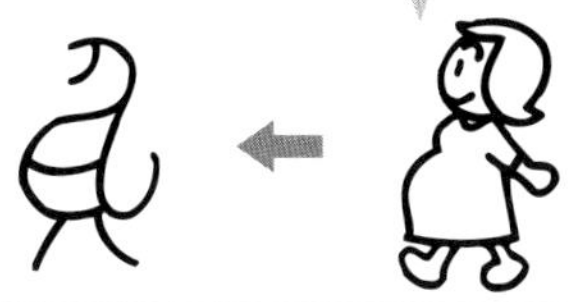

7画

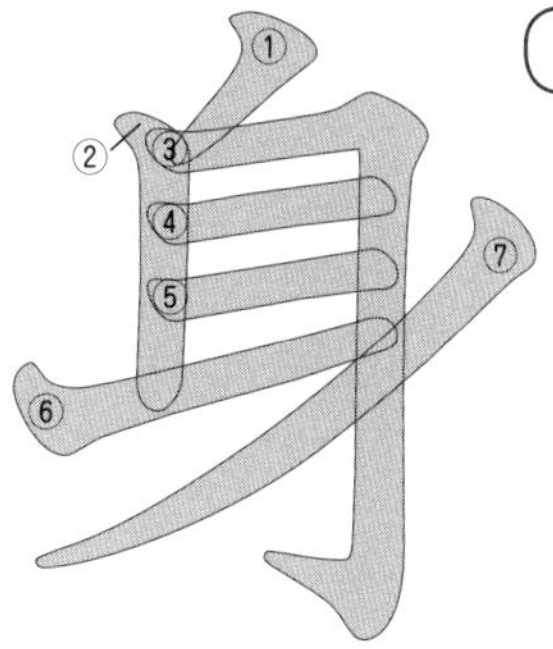

3年

身

書き方

3年

北海道出身の人が、身近にいます。

身　シン　み

7画

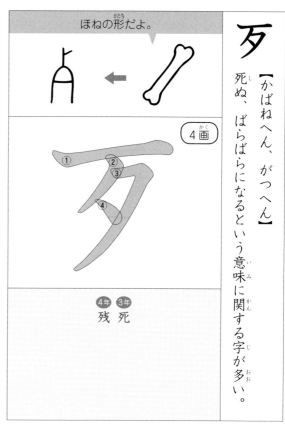

歹

【かばねへん、がつへん】

死ぬ、ばらばらになるという意味に関する字が多い。

ほねの形だよ。

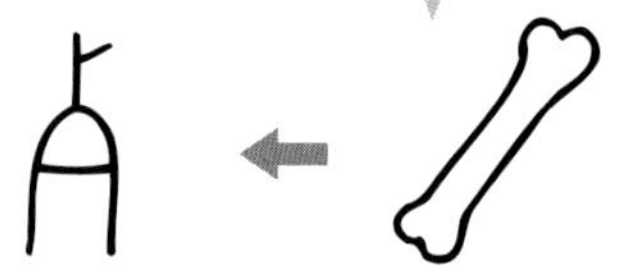

4画

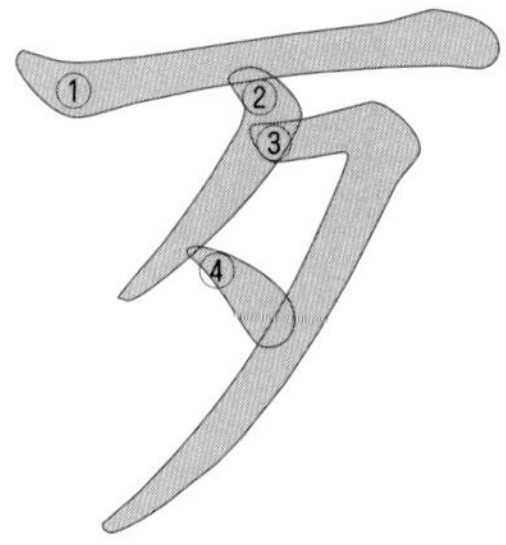

4年 残　3年 死

書き方

3年

あのツタの葉がすべて落ちたら、わたしも死ぬんだわ。

死

シ　しぬ

6画

4年

親しい人が、なくなってしまいとても残念だ。

残

ザン　のこる　のこす

10画

すがた

部首がもとになった

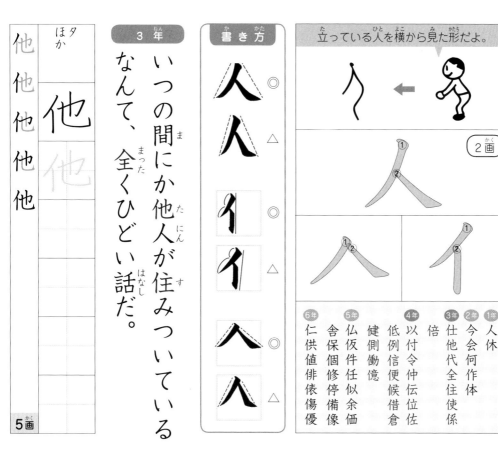

人（亻、𠆢）

【ひと（にんべん、ひとやね）】
人間の様子や動きに関する字が多い。

立っている人を横から見た形だよ。

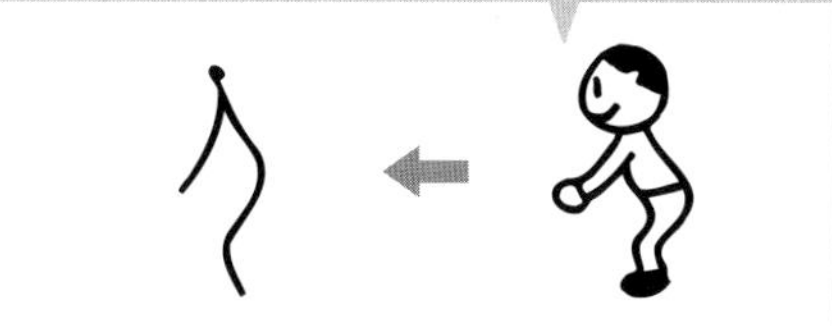

2画

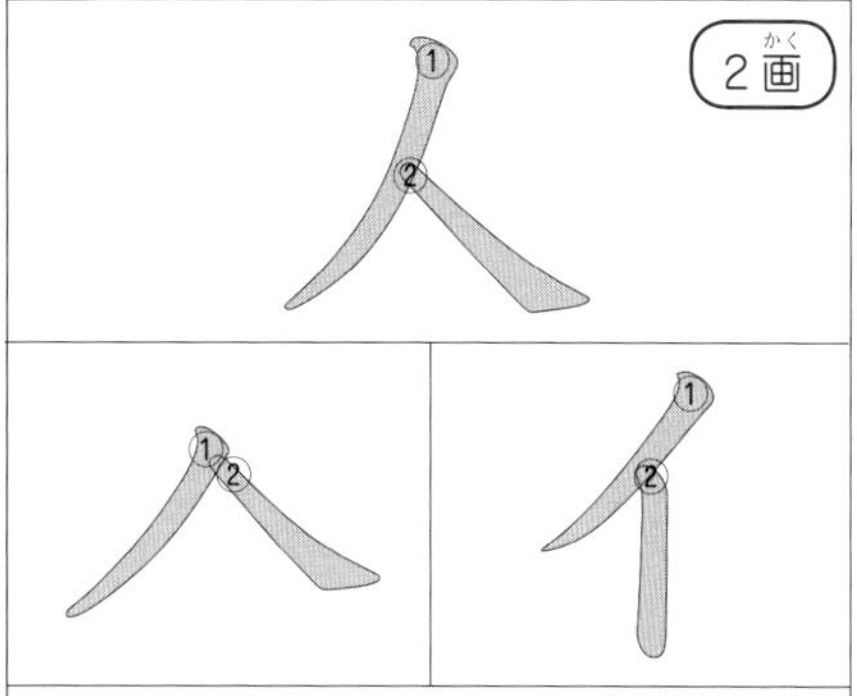

1年 人休
2年 今会何作体
3年 仕他代全住使係倍
4年 以付令仲伝位佐低例信便候借倉健側働億
5年 仏仮件任似余価舎保個修停備像
6年 仁供値俳俵傷優

書き方

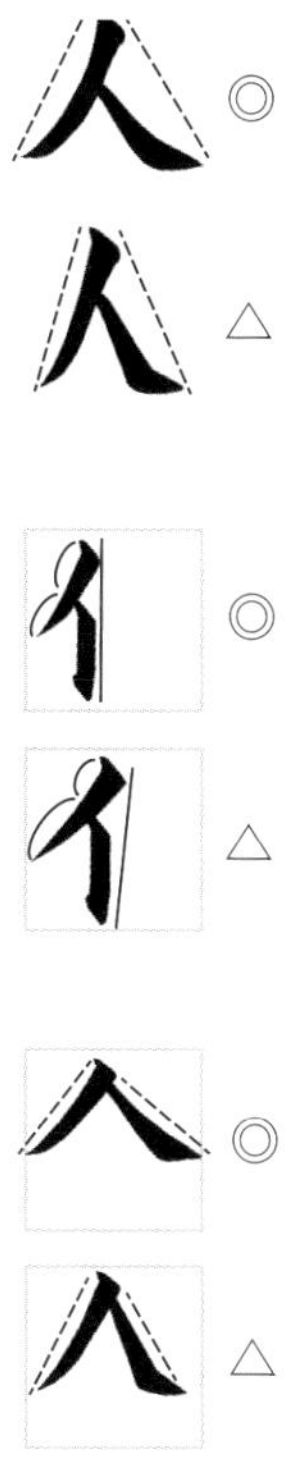

3年

いつの間にか他人が住みついているなんて、全くひどい話だ。

他　タ　ほか　5画
他 他 他 他 他 他 他

住　ジュウ　すむ　すまう　7画
住 住 住 住 住 住 住 住

全　ゼン　まったく　すべて　6画
全 全 全 全 全 全 全

3年

仕事中の会計係に代わって、代金を受け取りに来ました。

仕　シ（ジ）　つかえる　5画
仕 仕 仕 仕 仕 仕 仕

係　ケイ　かかる　かかり　9画
係 係 係 係 係 係 係 係 係 係 係

代　ダイ・タイ　かわる　かえる　よ・（しろ）　5画
代 代 代 代 代 代 代

3年

くだものをいつもの二倍も使って、ぜいたくに作ったおかしです。

倍　バイ　10画

使　シ／つかう　8画

4年

辞典の付録ページに、手紙の書き方と例文がのっています。

付　フ／つける・つく　5画

例　レイ／たとえる　8画

4年

あの建物と倉庫を建てるのに、三億円以上かかったそうです。

倉　ソウ／くら　10画

億　オク　15画

以　イ　5画

4年

あの人が出した命令だとは、どうにも信じられない。

令　レイ　5画

信　シン　9画

信 信 信 信 信 信 信 信 信

4年

道の右側を歩いてくるように、仲間に伝えました。

側　ソク　がわ　11画

側 側 側 側 側 側 側 側 側 側 側

仲　（チュウ）　なか　6画

仲 仲 仲 仲 仲 仲

伝　デン　つたわる　つたえる　つたう　6画

伝 伝 伝 伝 伝 伝

4年

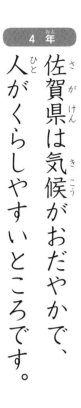

佐賀県は気候がおだやかで、人がくらしやすいところです。

佐　サ　7画

佐 佐 佐 佐 佐 佐 佐

候　コウ　（そうろう）　10画

候 候 候 候 候 候 候 候 候 候

4年

借りた花びんを、たなの低い位置に置きました。

借　シャク　かりる　10画

借 借 借 借 借 借 借 借 借 借

低　テイ　ひくい　ひくめる　ひくまる　7画

低 低 低 低 低 低 低

位　イ　くらい　7画

位 位 位 位 位 位 位

4年

父からの便りには、いつまでも健康で働きたいと書かれていました。

便 ベン ビン たより 9画

健 ケン (すこやか) 11画

働 ドウ はたらく 13画

卩【ふし、ふしづくり、わりふ】

人間のしせいなどに関する字が多い。

ひざまずいた人の形だよ。

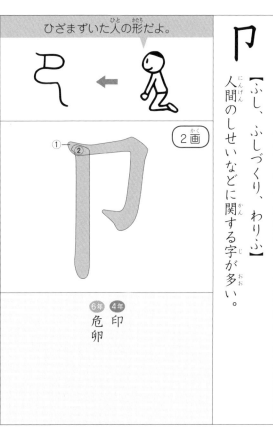

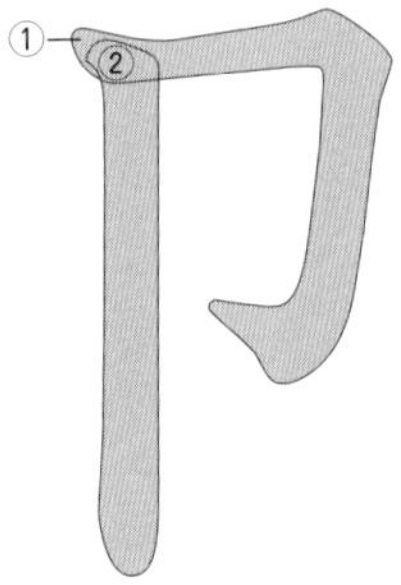

2画

6年 危 卵

4年 印

書き方

4年

わたしの印しょうに残った作品に、印を付けました。

印 イン しるし 6画

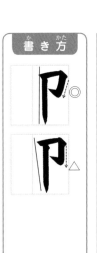

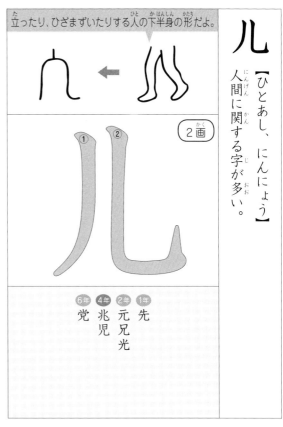

儿

【ひとあし、にんにょう】

人間に関する字が多い。

立ったり、ひざまずいたりする人の下半身の形だよ。

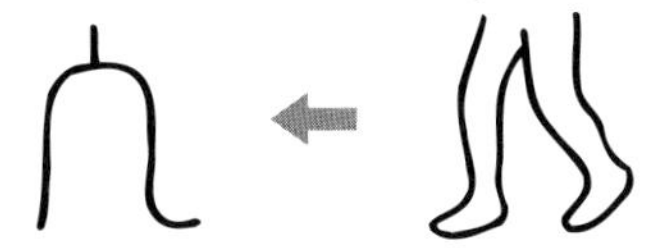

2画

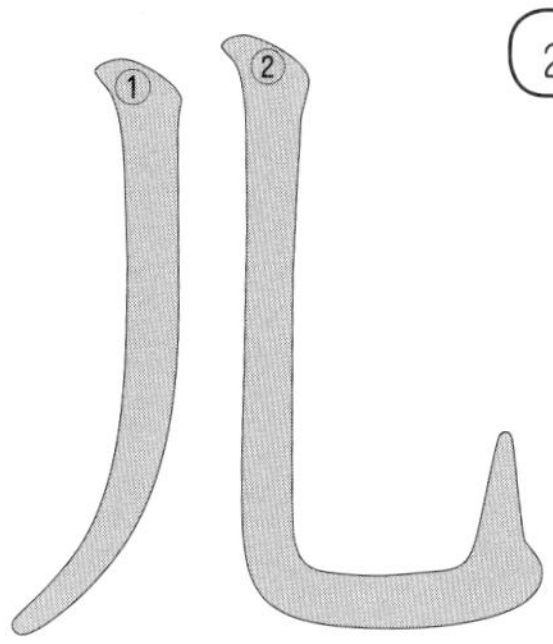

1年	2年	4年	6年
先	元 兄 光	兆 児	党

書き方

4年

がけくずれの前兆があったので、児童を安全な所に連れて行きました。

チョウ
（きざす）
（きざし）

兆

兆 兆 兆 兆 兆 兆

6画

ジ
（ニ）

児

児 児 児 児 児 児 児

7画

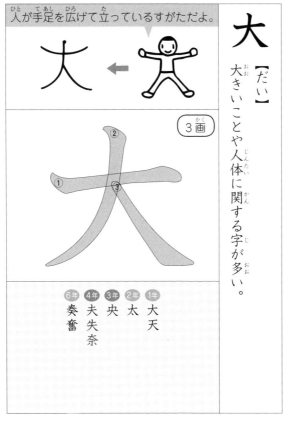

大

【だい】

大きいことや人体に関する字が多い。

人が手足を広げて立っているすがただよ。

3画

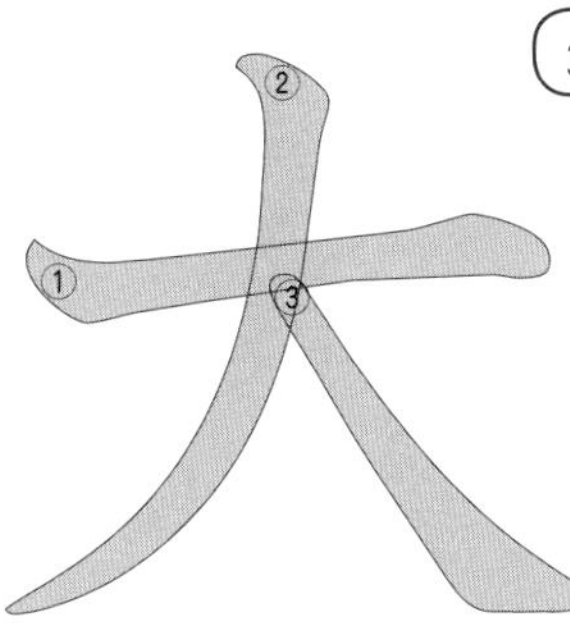

1年	2年	3年	4年	6年
大 天	太	央	夫 失 奈	奏 奮

書き方

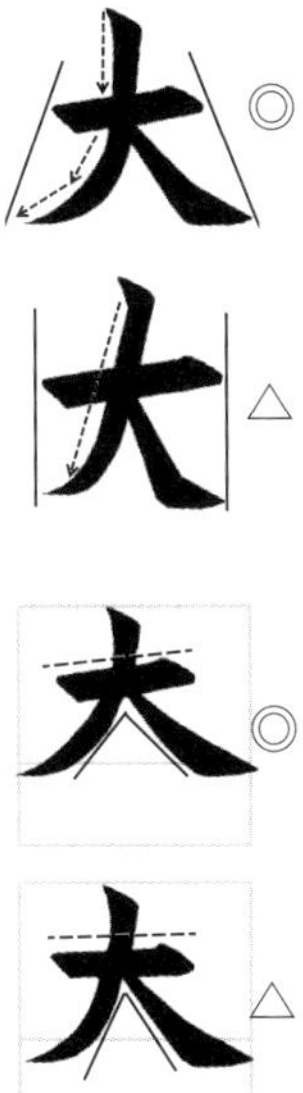

3年

広場の中央には、大きな木があります。

央　オウ　5画

央 央 央 央 央

4年

神奈川県にあった夫の実家は、火事で焼失してしまった。

奈　ナ　8画

奈 奈 奈 奈 奈 奈 奈 奈

夫　フ（フウ）　おっと　4画

夫 夫 夫 夫

失　シツ　うしなう　5画

失 失 失 失 失

匕【ひ】

くらべること、変化することに関する字が多い。

右を向いた人の形だよ。

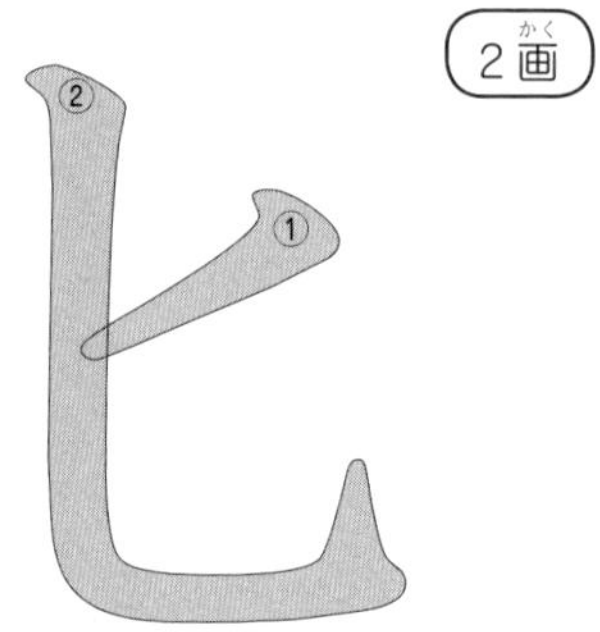

3年 化　2年 北

書き方

3年

人間に化けようとしたタヌキの話がドラマ化されました。

化　カ（ケ）　ばける　ばかす　4画

化 化 化 化

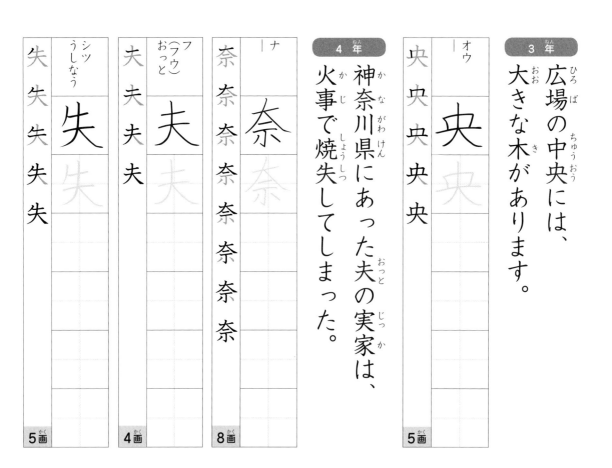

勹【つつみがまえ】

包む、かかえこむという意味に関する字が多い。

人が体を曲げて包みこんでいるすがただよ。

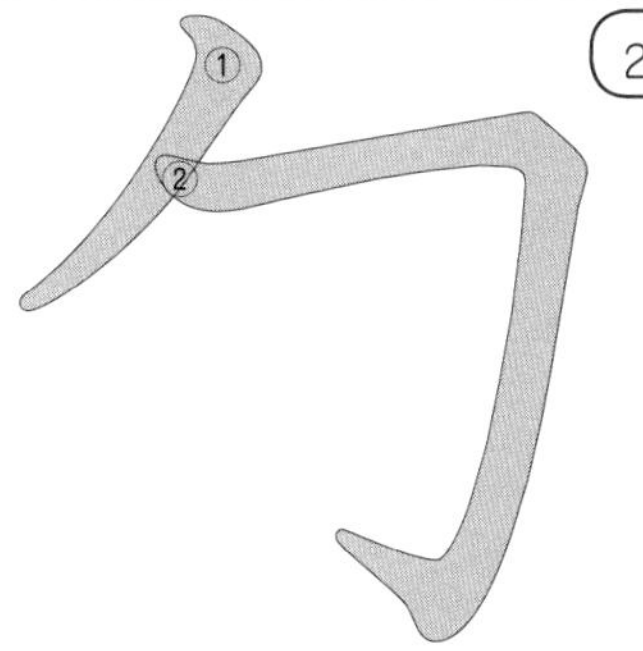

2画

4年 包

書き方

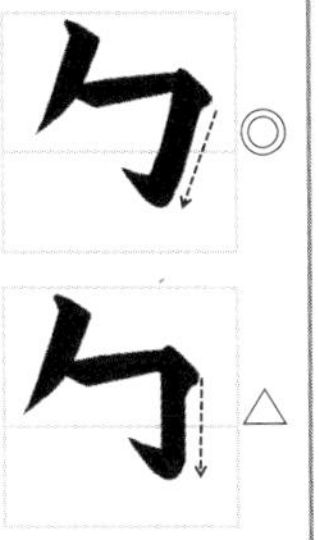

4年

ふろしき包みを持って走り出したとたん、けい察に包いされてしまった。

包

ホウ
つつむ

5画

包 包 包 包 包

立【たつ】

立つことに関係する字が多い。

地面に両足で立っている人のすがただよ。

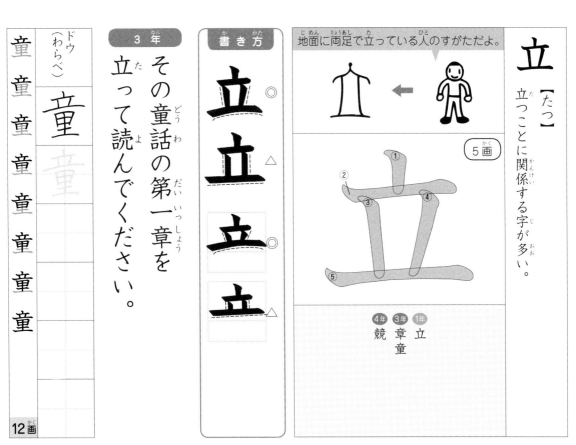

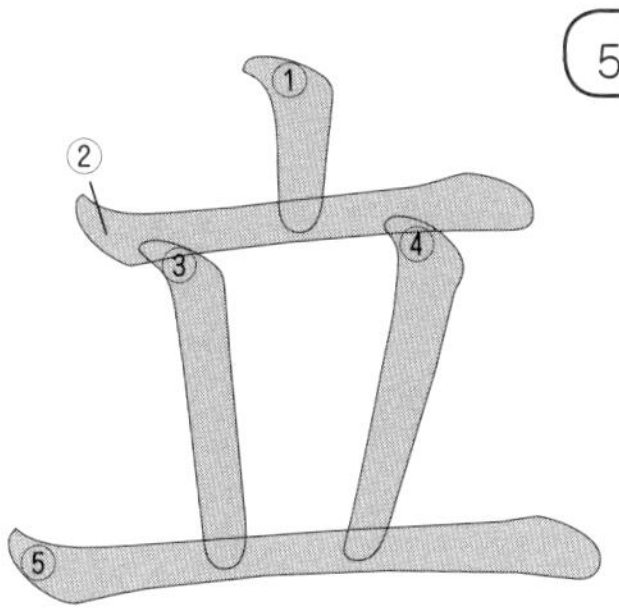

5画

4年 競
3年 章 童
1年 立

書き方

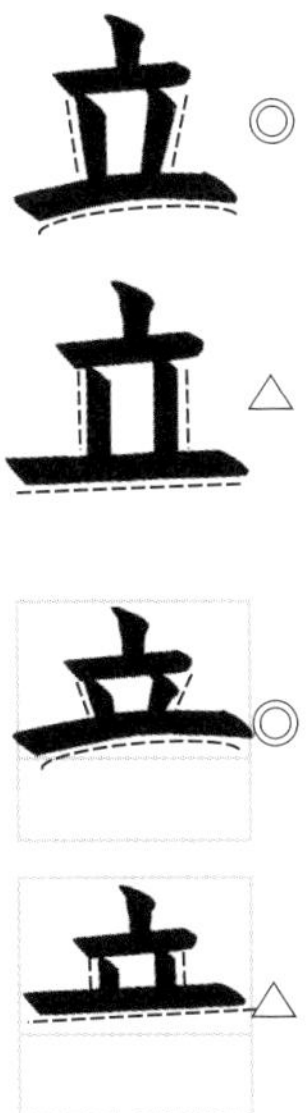

3年

その童話の第一章を立って読んでください。

童

ドウ
（わらべ）

12画

童 童 童 童 童 童 童 童

章

ショウ

章

章 章 章 章 章 章

11画

4年

百メートル競走で一着になりました。

競

キョウ
ケイ
(きそう)
(せる)

競

競 競 競 競 競 競 競 競 競 競

20画

色

【いろ】

顔や顔色、すがたなどを表す字が多い。

二人の人がよりそった形だよ。

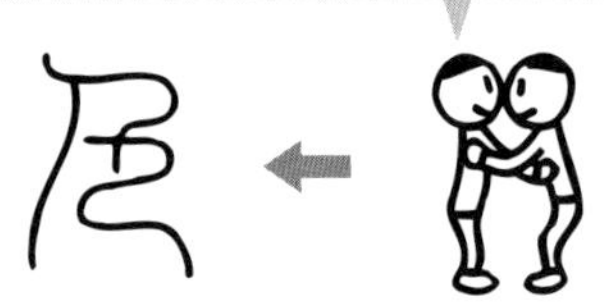

6画

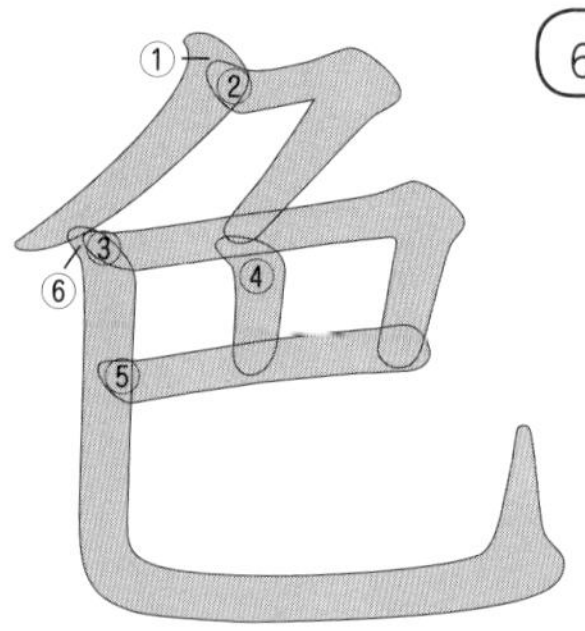

2年 色

尸

【かばね、しかばね】

人の体に関する字が多い。

人が死んで横になっているすがただよ。

3画

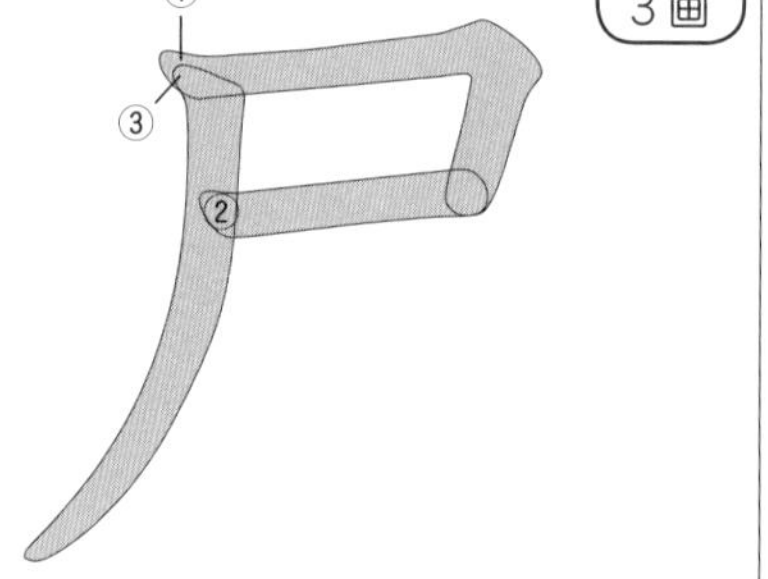

3年 局 屋

5年 居 属

6年 尺 届 展 層

書き方

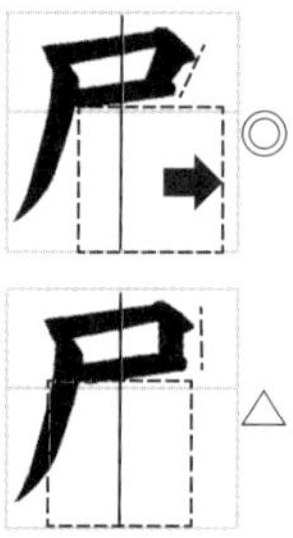

◎

△

3年

放送局の屋根には、大きなアンテナがあります。

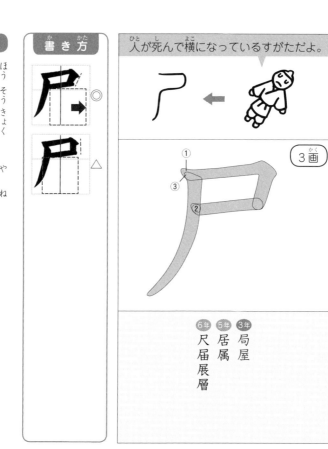

局

キョク

局

局 局 局 局 局 局 局

7画

屋
オク
や
9画

疒
【やまいだれ】
病気に関する字が多い。

ベッドにねている人をたてに見た形だよ。

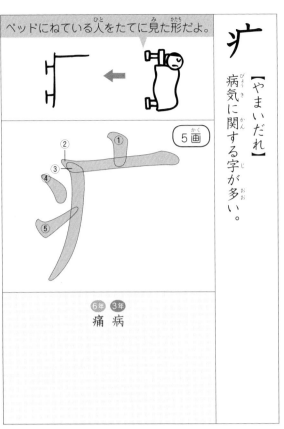

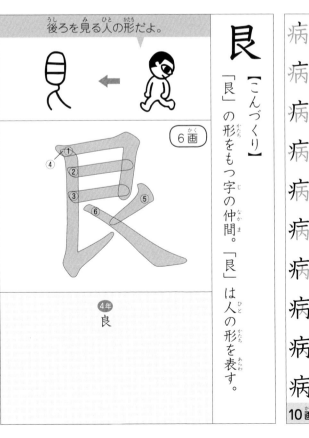

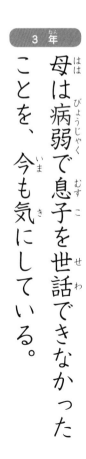

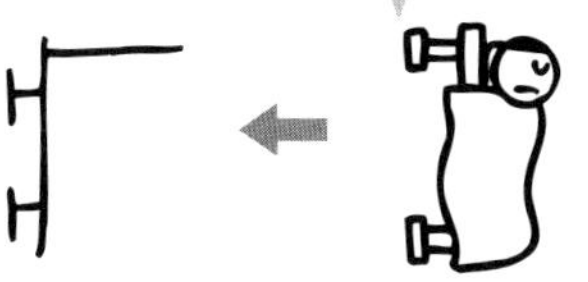

5画

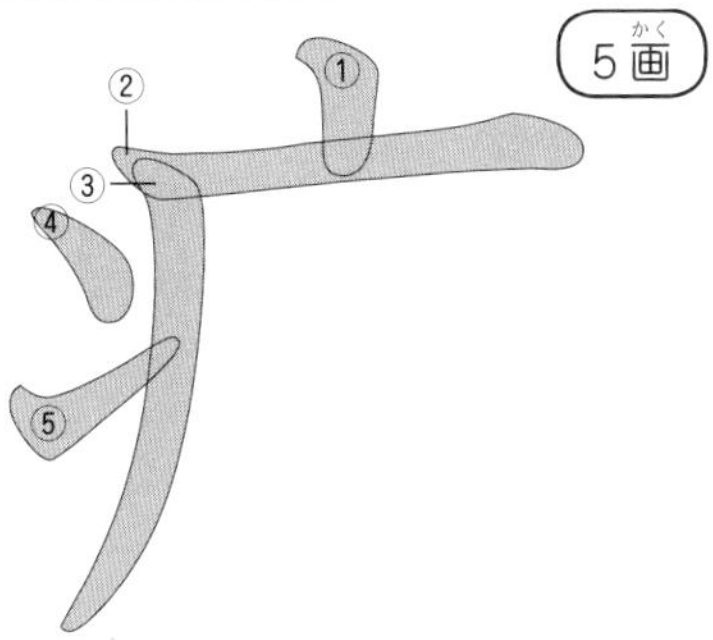

6年 痛
3年 病

書き方

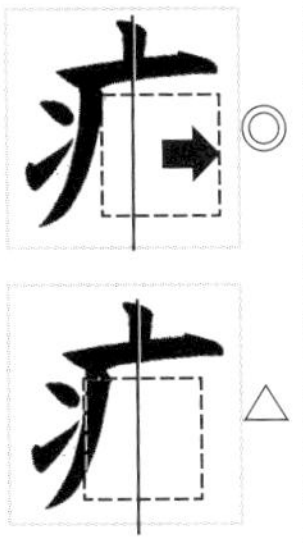

3年

母は病弱で息子を世話できなかったことを、今も気にしている。

病
ビョウ
（ヘイ）
やまい
（やむ）
10画

良
【こんづくり】
「良」の形をもつ字の仲間。「良」は人の形を表す。

後ろを見る人の形だよ。

6画

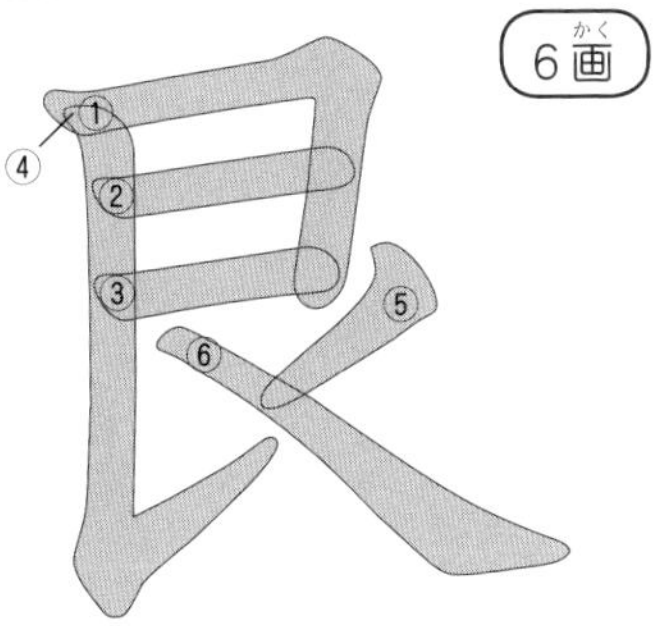

4年 良

書き方

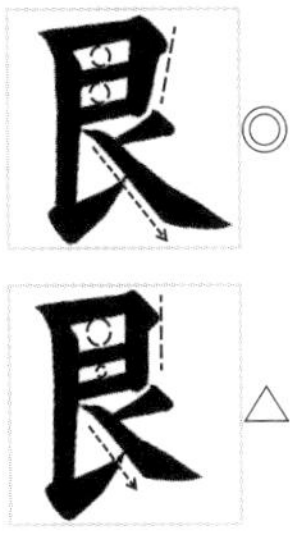

4年

仲の良い兄弟がやっている食どうで、ねだんも良心的です。

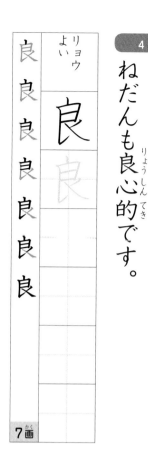

良

リョウ
よい

7画

良 良 良 良 良 良 良

家族

がもとになった部首

女

【おんな、おんなへん】

女の人やその様子に関する字が多い。

女の人がすわっているよ。

3画

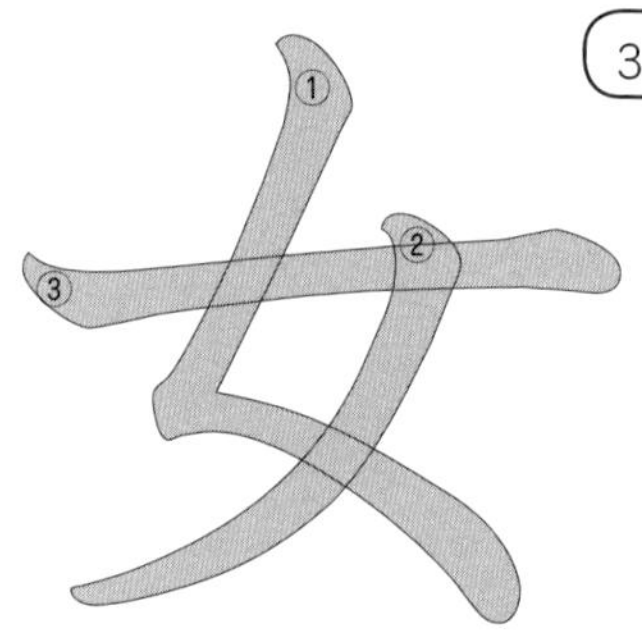

1年	2年	3年	4年	5年	6年
女	姉 妹	委 始	好 媛	妻 婦	姿

書き方

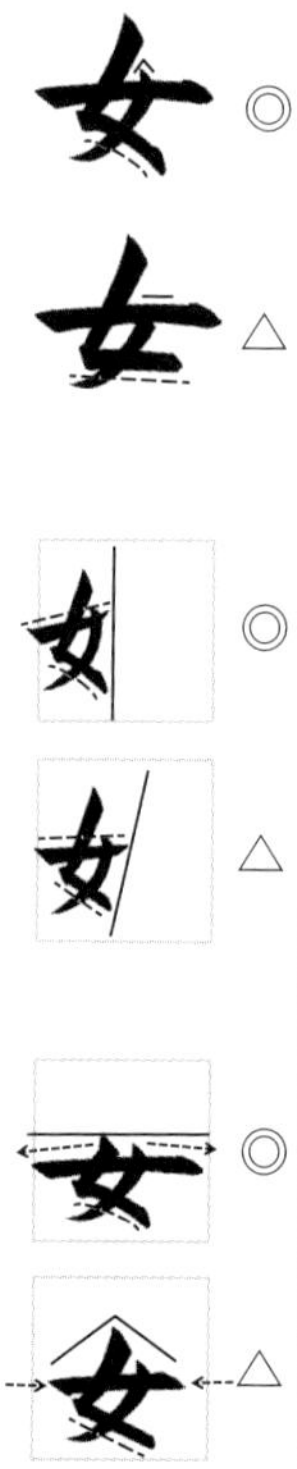

3年

学級委員が、女の子のしたことの一部始終を見ていました。

委

イ
ゆだねる

8画

委 委 委 委 委 委 委 委

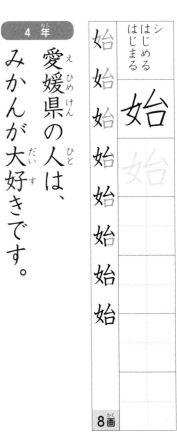

始

シ
はじめる
はじまる

始 始 始 始 始 始 始 始

8画

4年

愛媛県の人は、みかんが大好きです。

媛

（エン）
ひめ

媛 媛 媛 媛 媛 媛 媛 媛 媛 媛 媛 媛

12画

好

コウ
このむ
すく

好 好 好 好 好 好

6画

士

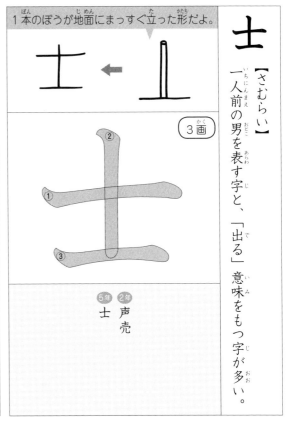

【さむらい】一人前の男を表す字と、「出る」意味をもつ字が多い。

1本のぼうが地面にまっすぐ立った形だよ。

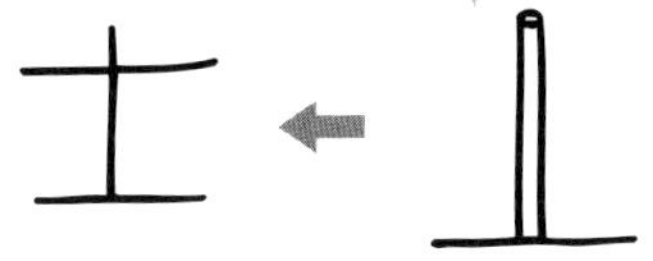

3画

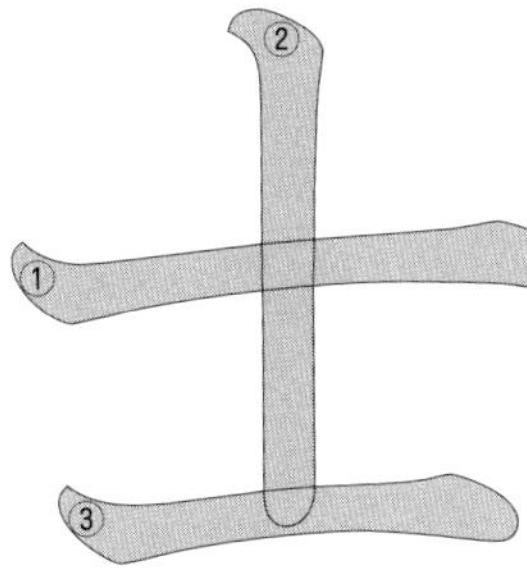

5年 士

2年 声 売

父

【ちち】父に関する字が多い。

手におのを持った形だよ。

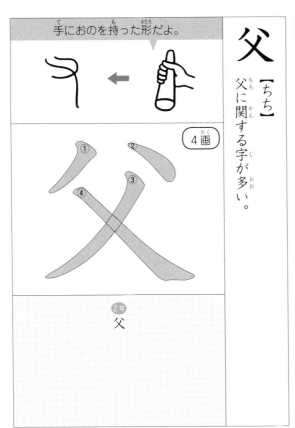

4画

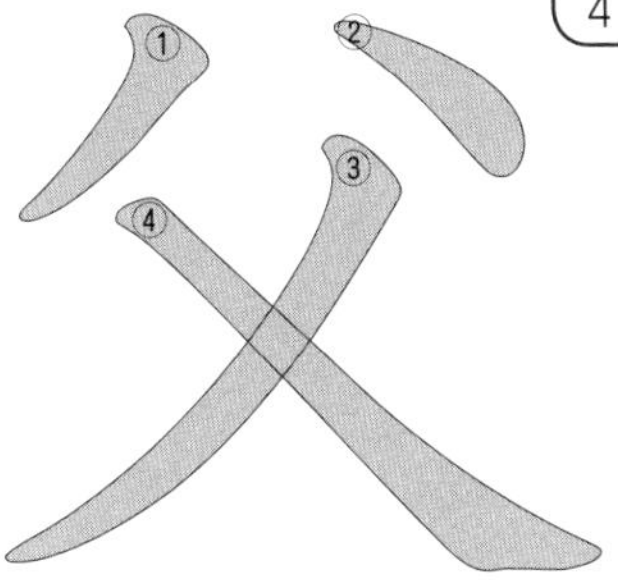

2年 父

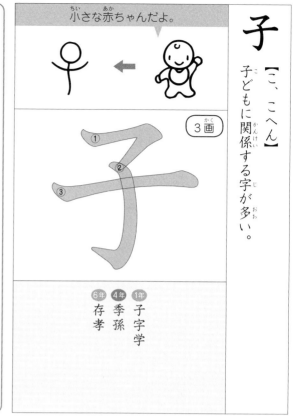

子

【こ、こへん】

子どもに関係する字が多い。

小さな赤ちゃんだよ。

3画

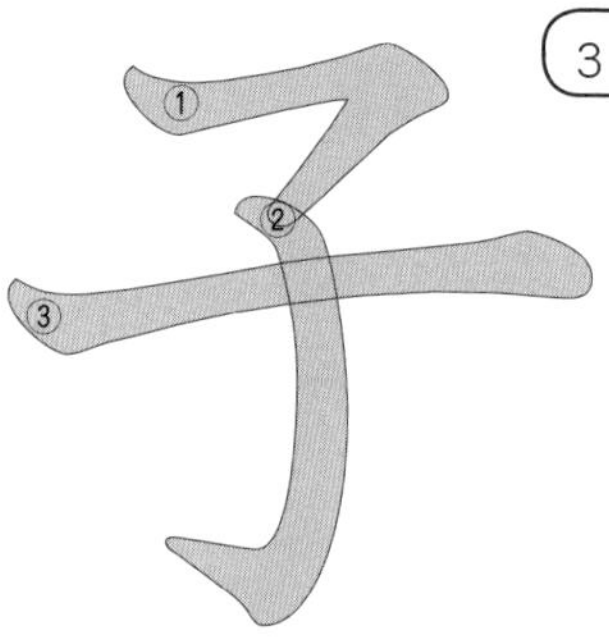

1年 子 字 学

4年 季 孫

6年 存 孝

書き方

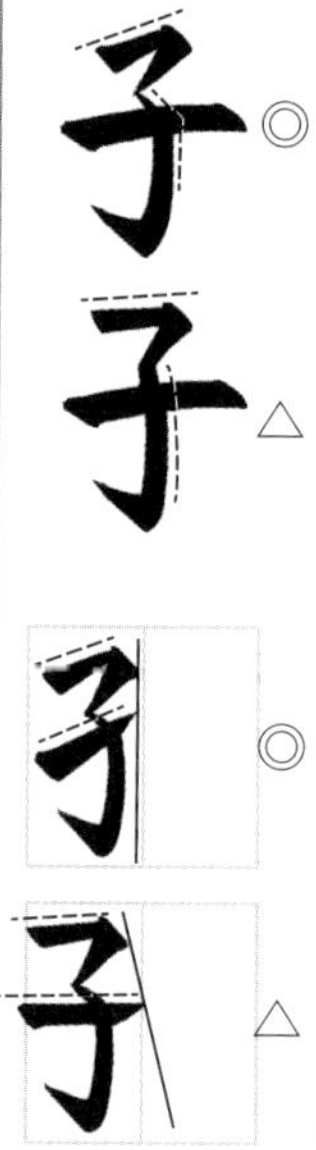

4年

さくらの季節に、初孫が生まれました。

キ

季

8画

季 季 季 季 季 季 季 季

孫

ソン まご

10画

孫 孫 孫 孫 孫 孫 孫 孫 孫 孫

母

【はは（はははのかん、なかれ）】

母に関する字と、きん止の意味の字もふくまれる。

むねに２つの「ちち」のある女の人だよ。

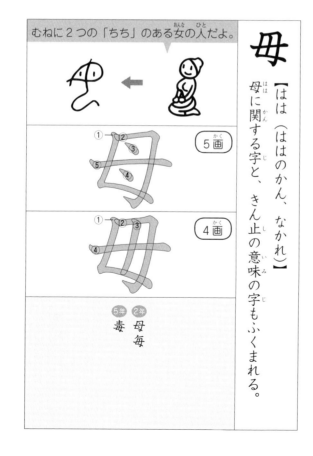

5画

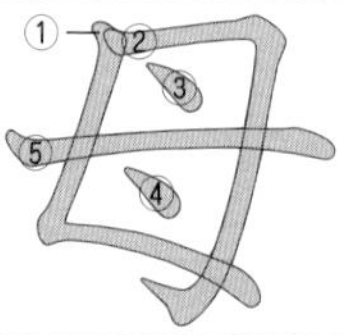

4画

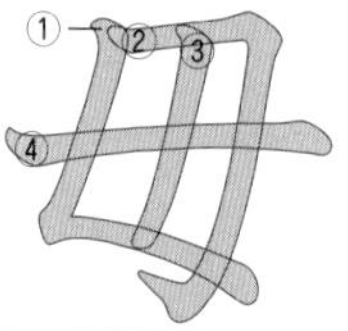

2年 母 毎

5年 毒

村
に関係のある部首

場所 p.46

- 阝 おおざと
- 口 くにがまえ
- 冂 どうがまえ、けいがまえ
- 谷 たに
- 田 た、たへん
- 里 さと、さとへん

建物 p.52

- 宀 うかんむり
- 广 まだれ
- 穴 あな、あなかんむり
- 高 たかい
- 戸 と、とかんむり
- 門 もんがまえ

道 p.50

- 廴 えんにょう
- 彳 ぎょうにんべん
- 行 ぎょうがまえ、ゆきがまえ

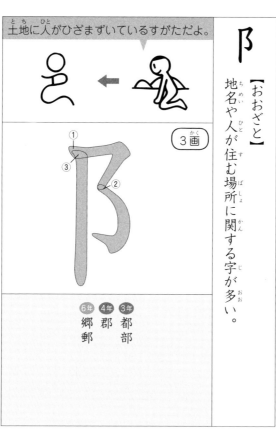

場所がもとになった部首

阝

【おおざと】
地名や人が住む場所に関する字が多い。

土地に人がひざまずいているすがただよ。

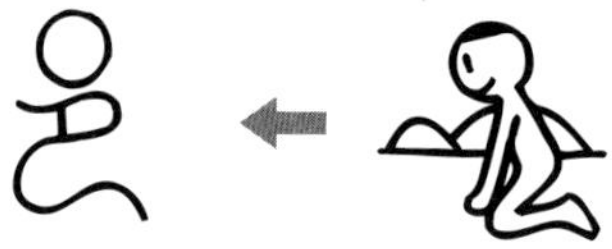

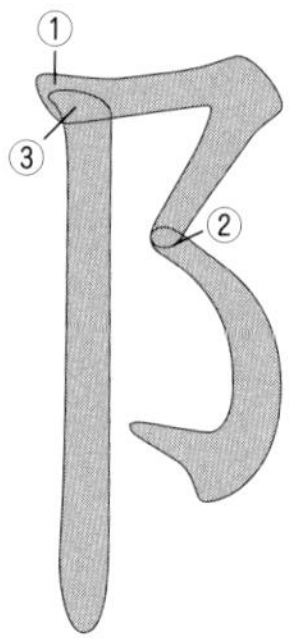

3画

3年	4年	6年
都 部	郡	郷 郵

書き方

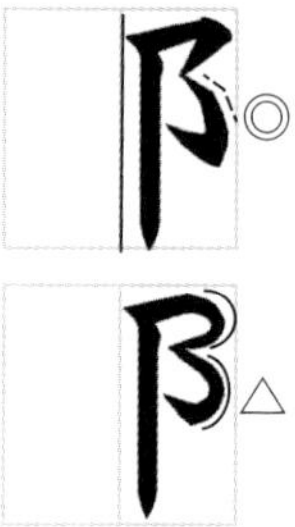

3年

大都市の一部に、開発されずにのこった森があります。

都　ツト　みやこ　11画

部　ブ　11画

4年

市内から郡部に引っこしました。

郡　グン　10画

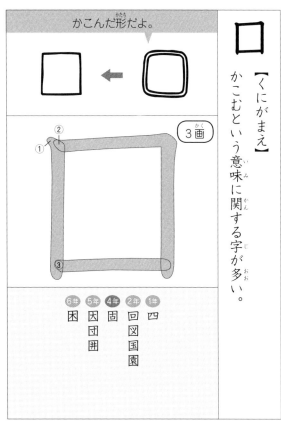

口

【くにがまえ】

かこむという意味に関する字が多い。

かこんだ形だよ。

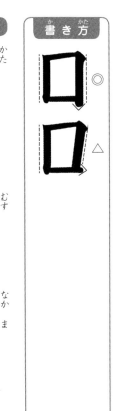

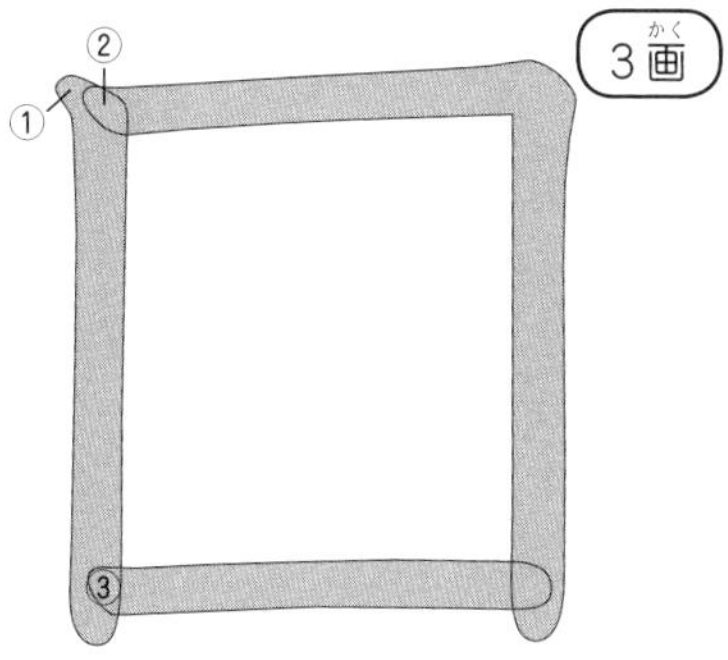

1年	2年	4年	5年	6年
四	回 図 国 園	固	因 団 囲	困

書き方

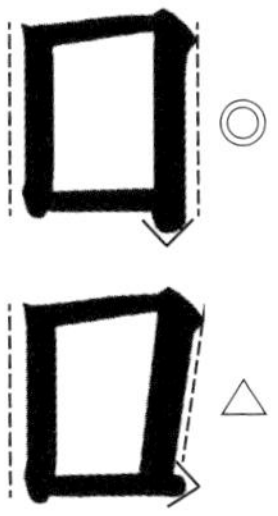

4年

固いきずなで結ばれた仲間たちがたき火をかこんで語り合った。

固

コ
かためる
かたまる
かたい

8画

固 固 固 固 固 固 固 固

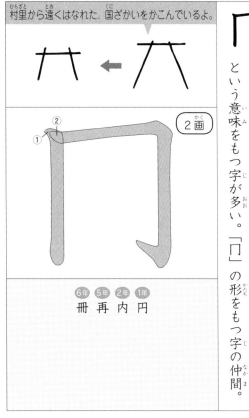

冂

【どうがまえ、けいがまえ】遠くにある、かこまれた土地という意味をもつ字が多い。「冂」の形をもつ字の仲間。

村里から遠くはなれた、国ざかいをかこんでいるよ。

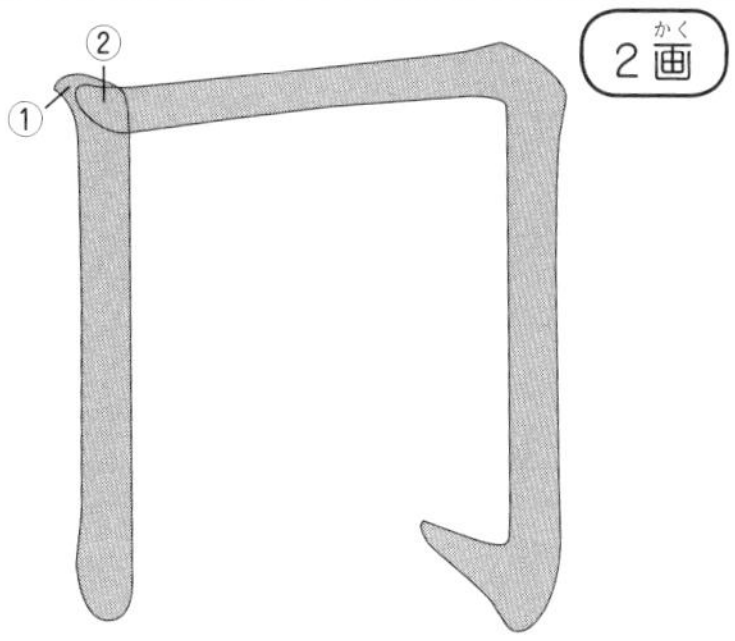

1年	2年	5年	6年
円	内	再	冊

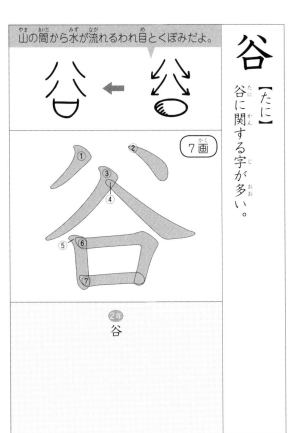

谷

【たに】

谷に関する字が多い。

山の間から水が流れるわれ目とくぼみだよ。

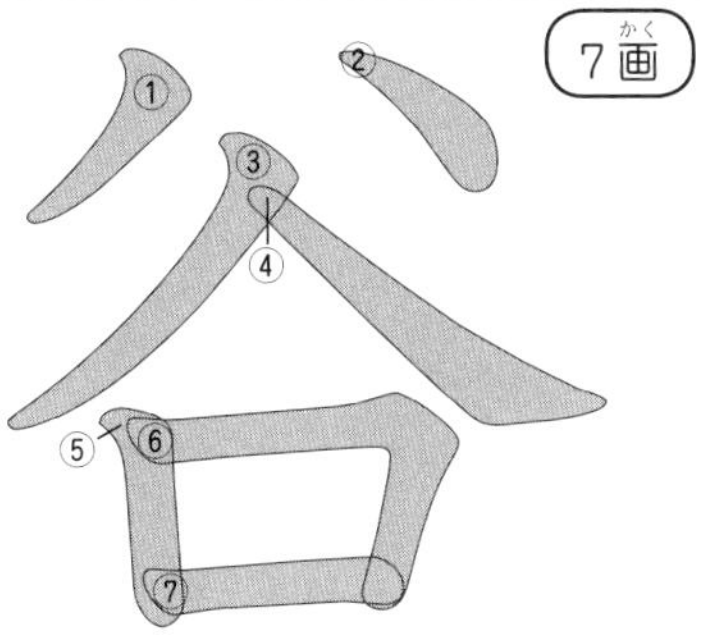

2年
谷

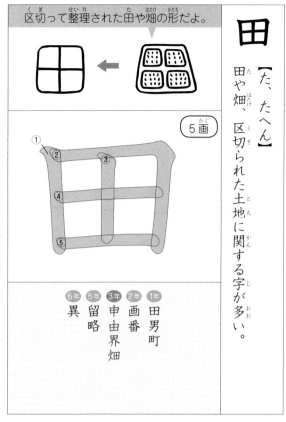

田

【た、たへん】

田や畑、区切られた土地に関する字が多い。

区切って整理された田や畑の形だよ。

5画

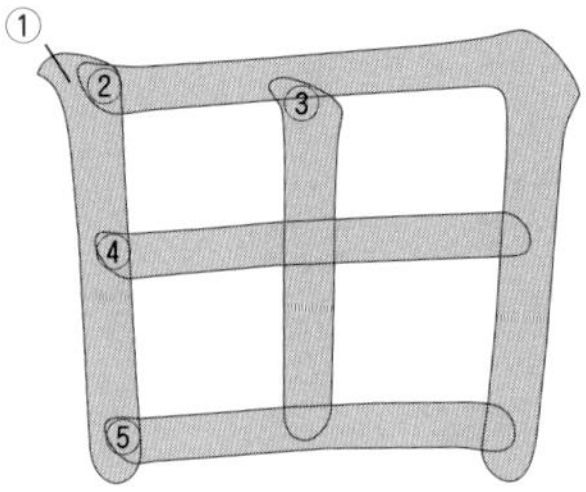

1年 田男町
2年 画番
3年 申由界畑
5年 留略
6年 異

書き方

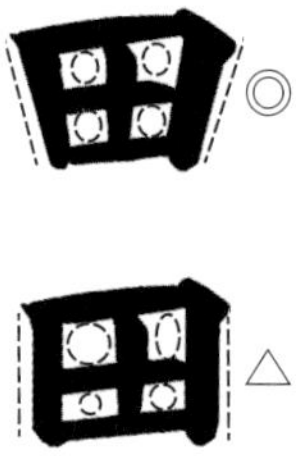

3年 界

カイ

界

田んぼの生き物たちがくらす小さな世界について、申し上げます。

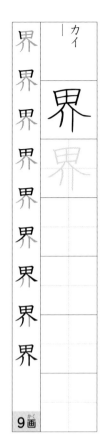

9画

申

（シン）
もうす

申

5画

3年 畑

この畑は、あなたが自由に使ってください。

はた
はたけ

畑

9画

由

ユ
ユウ
（ユイ）
（よし）

由

5画

里

【さと、さとへん】

田や人の住む所に関する字が多い。

田と土を合わせた形だよ。

7画

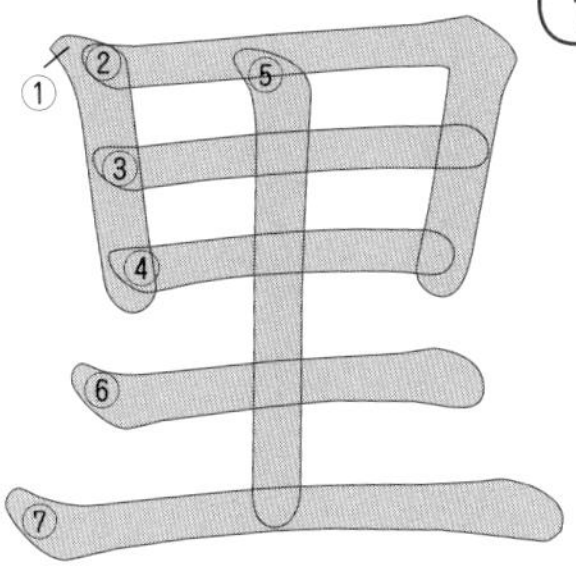

4年	3年	2年
量	重	里 野

書き方

3年

近所に住むおじいさんに、ずっしりと重い重箱をとどけました。

ジュウ・チョウ

え・おもい

かさねる

かさなる

重

重 重 重 重 重 重 重 重 重

9画

4年

そんなに大量の米を、小さなますで量るのは大変でしょう。

リョウ

はかる

量

量 量 量 量 量 量 量 量

12画

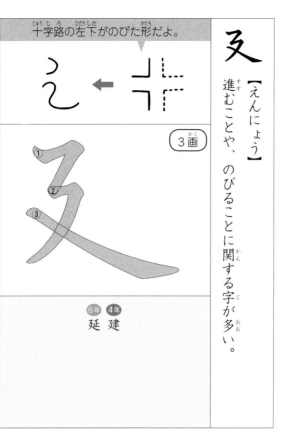

道がもとになった部首

廴

【えんにょう】

進むことや、のびることに関する字が多い。

十字路の左下がのびた形だよ。

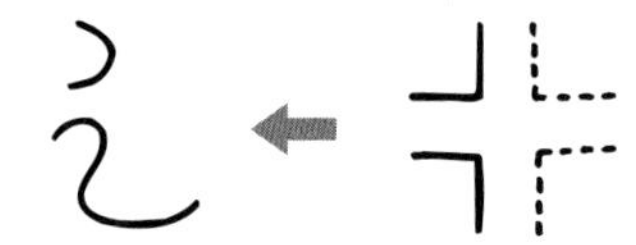

3画

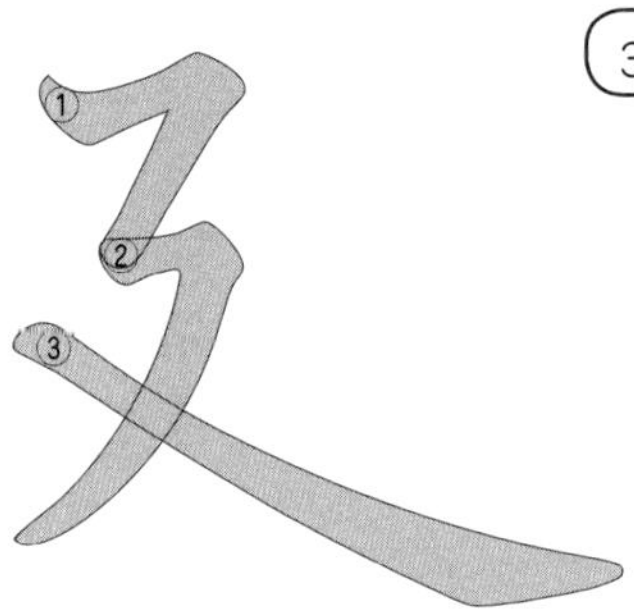

6年 延　4年 建

書き方

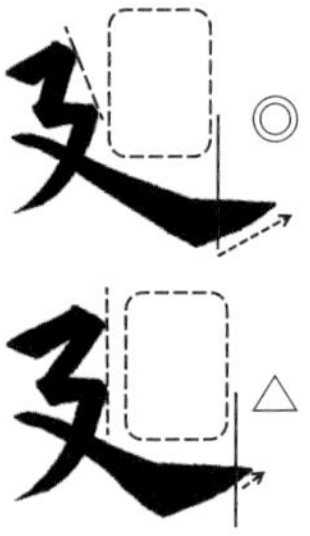

◎ △

4年

建せつ中の建物に向かって、まっすぐな道がのびています。

建

ケン（コン）

たてる

たつ

9画

彳

【ぎょうにんべん】

進むことや行うことに関する字が多い。

十字路の左側の形だよ。

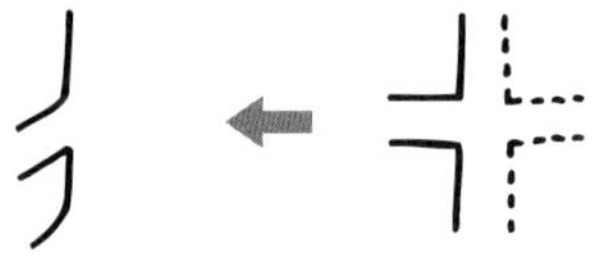

3画

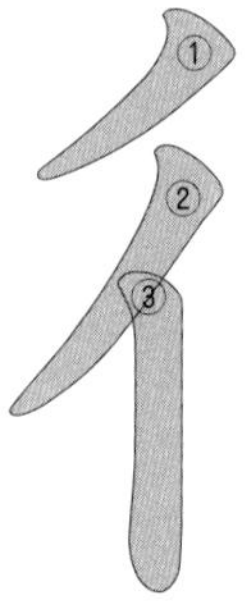

6年 律 従　5年 往 得 復　4年 径 徒 徳　3年 役 待　2年 後

書き方

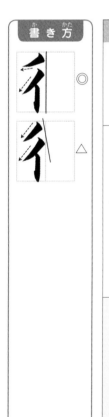

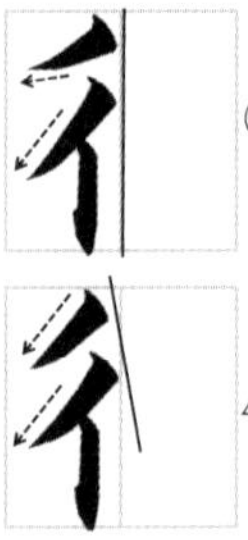

◎ △

3年

役所の前で待ち合わせをしたので、歩いて向かいます。

役　ヤク（エキ）　7画

待　タイ　まつ　9画

4年

直径が約一キロメートルの池を徒歩でめぐると、何分かかるでしょう。

径　ケイ　8画

徒　ト　10画

4年

徳島県から来た先生は、道徳教育に熱心です。

徳　トク　14画

行【ぎょうがまえ、ゆきがまえ】

道や進むこと、行うことに関する字が多い。

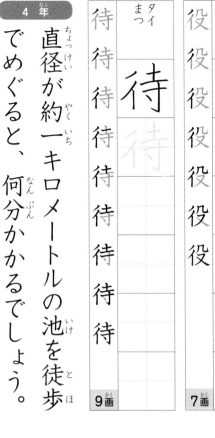

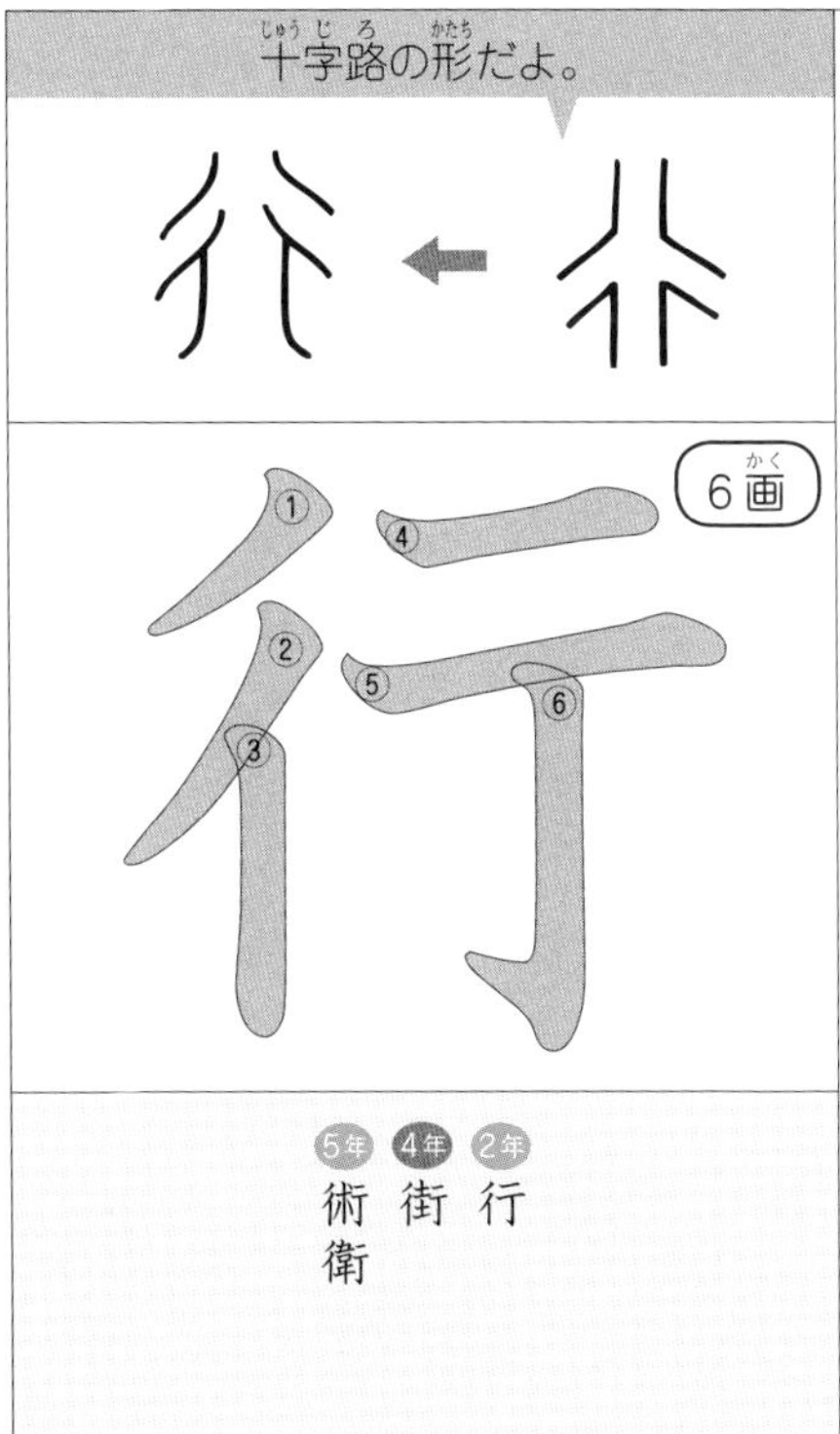

書き方

4年（ねん）

街頭（がいとう）で、道（みち）を歩（ある）く人（ひと）にインタビューしました。

ガイ
（カイ）
まち

街

街 街 街 街 街 街 街 街 街 街

12画（かく）

建物（たてもの）がもとになった部首（ぶしゅ）

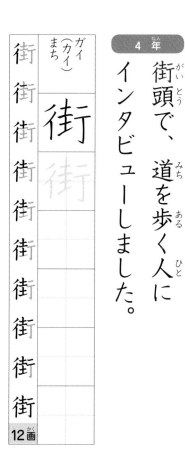

宀

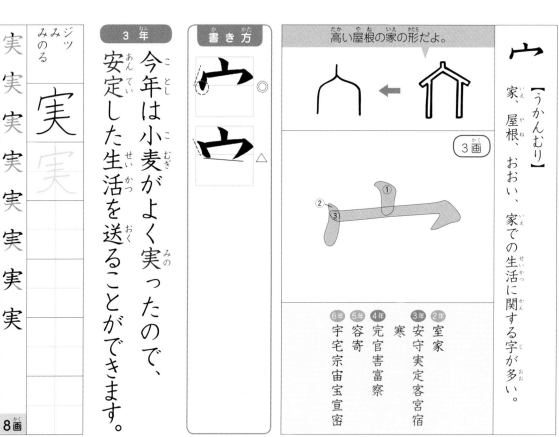

【うかんむり】

家（いえ）、屋根（やね）、おおい、家（いえ）での生活（せいかつ）に関（かん）する字（じ）が多（おお）い。

高（たか）い屋根（やね）の家（いえ）の形（かたち）だよ。

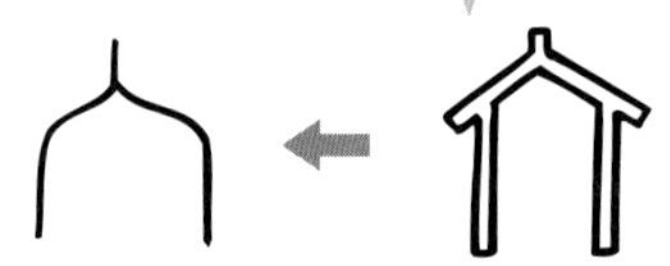

3画（かく）

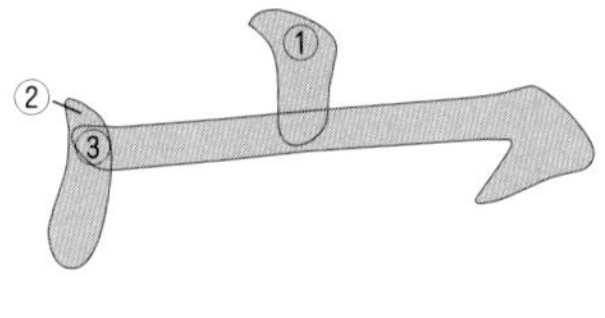

2年 室家
3年 安守実定客宮宿寒
4年 完官害富察
5年 容寄
6年 宇宅宗宙宝宣密

書（か）き方（かた）

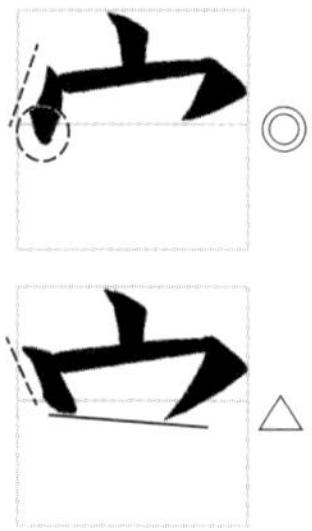

3年（ねん）

今年（ことし）は小麦（こむぎ）がよく実（みの）ったので、安定（あんてい）した生活（せいかつ）を送（おく）ることができます。

ジツ
み
みのる

実

実 実 実 実 実 実 実 実

8画（かく）

安
アン
やすい
6画

定
テイ|ジョウ
さだめる
さだまる
(さだか)
8画

3年

王子は宮でんで、たくさんの人に見守られて育ちました。

宮
キュウ
(グウ)
(ク)
みや
10画

守
シュ
ス
まもる
(もり)
6画

3年

宿にとまっている外国人の客は、寒い国から来たそうです。

宿
シュク
やど
やどる
やどす
11画

客
キャク
(カク)
|
9画

寒
カン
さむい
12画

4年

富山県に、ホタルイカを観察できるしせつが完成しました。

*「と」は、地名としての特別な読み方です。

富
フ
(フウ)
とむ
とみ
12画

察
サツ
|
14画

完　カン　7画

4年

さいばん官の家が、さい害にあいました。

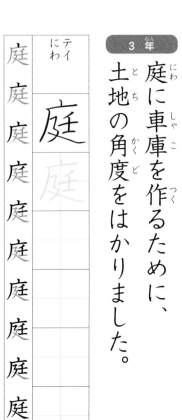

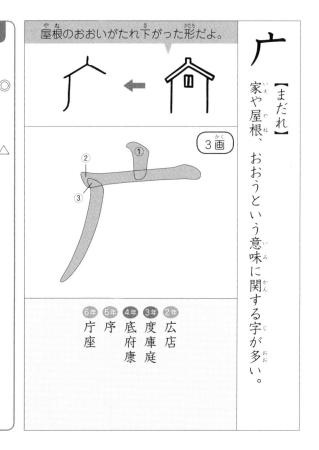

官　カン　8画

害　ガイ　10画

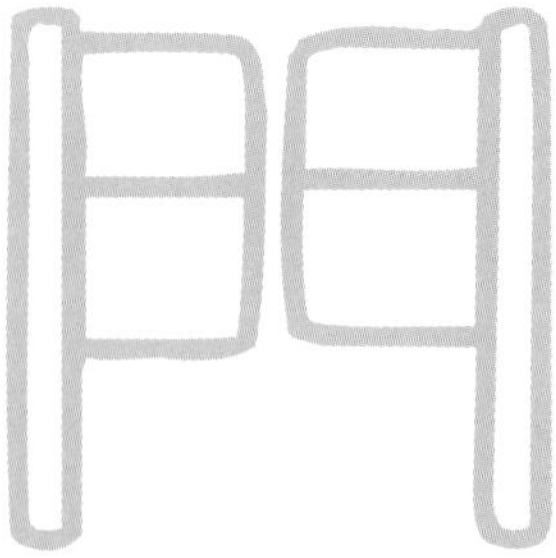

广

【まだれ】

家や屋根、おおうという意味に関する字が多い。

屋根のおおいがたれ下がった形だよ。

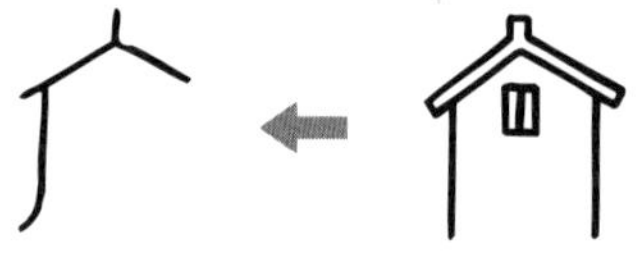

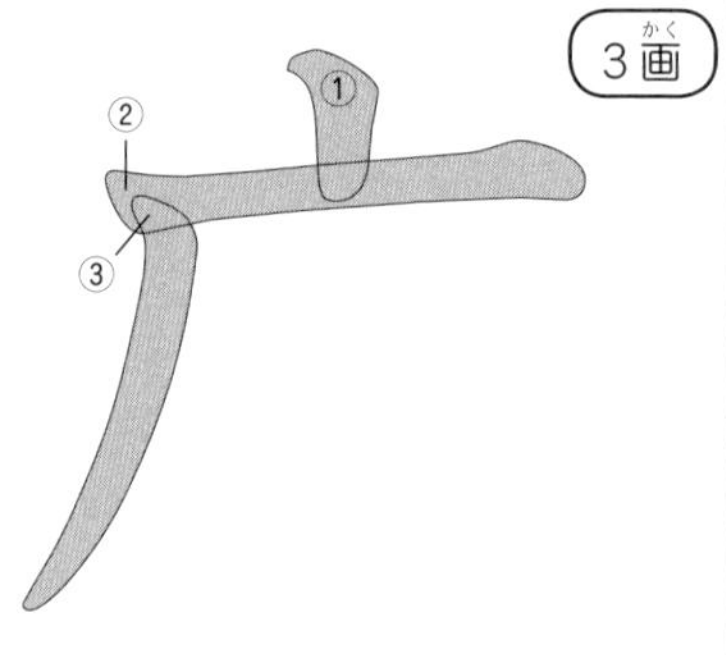

6年 庁 座
5年 序
4年 底 府 康
3年 度 庫 庭
2年 広 店

書き方

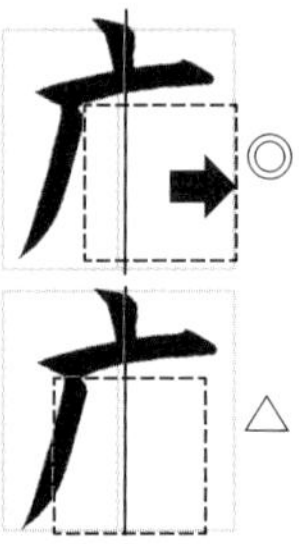

3年

庭に車庫を作るために、土地の角度をはかりました。

庭　テイ　にわ　10画

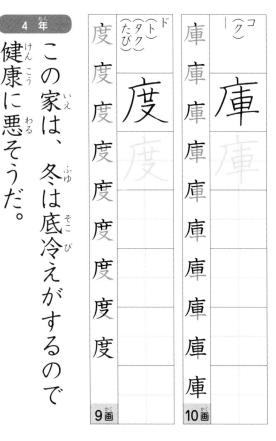

庫 コ (ク)

10画

度 ド (ト) (タク) (たび)

9画

4年

この家は、冬は底冷えがするので健康に悪そうだ。

底 テイ そこ

8画

康 コウ

11画

4年

京都府には、入り口がせまくておくゆきのある家があります。

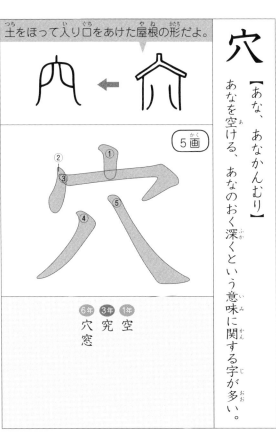

府 フ

8画

穴

【あな、あなかんむり】

あなを空ける、あなのおく深くという意味に関する字が多い。

土をほって入り口をあけた屋根の形だよ。

5画

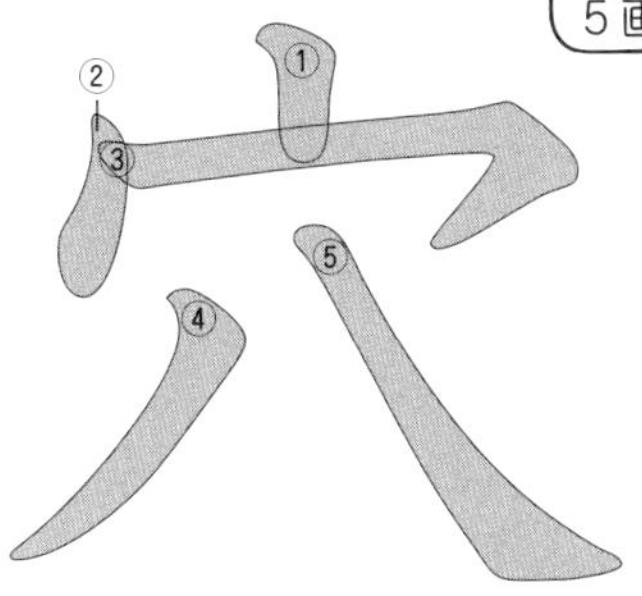

6年 穴 窓

3年 究

1年 空

書き方

3年

夏休みに、友だちの家で自由研究をしました。

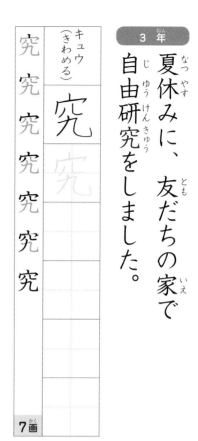

キュウ
（きわめる）

究

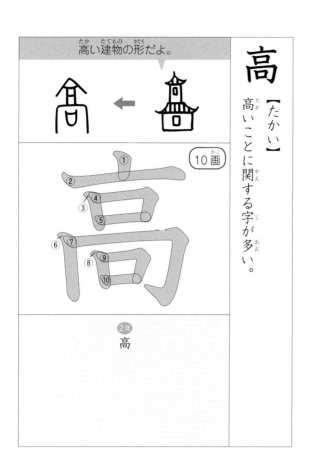

究 究 究 究 究 究 究

7画

高

【たかい】

高いことに関する字が多い。

高い建物の形だよ。

10画

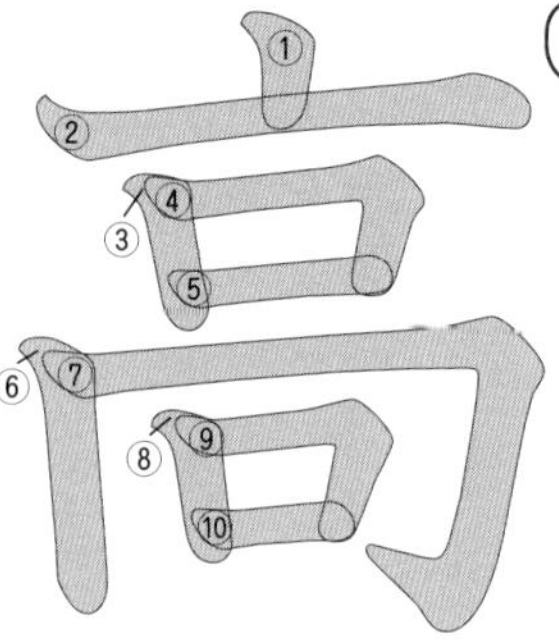

2年 高

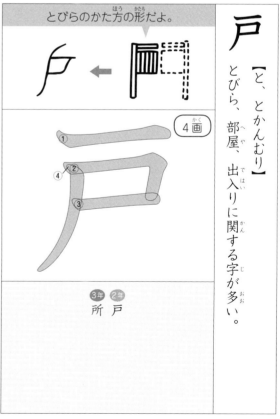

戸

【と、とかんむり】

とびら、部屋、出入りに関する字が多い。

とびらのかた方の形だよ。

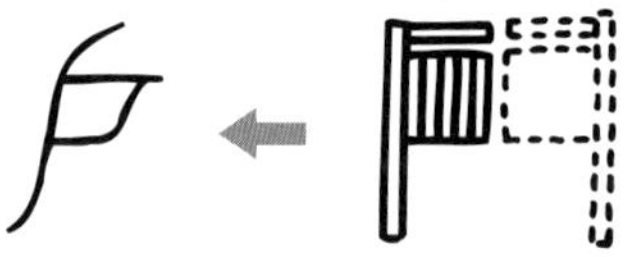

4画

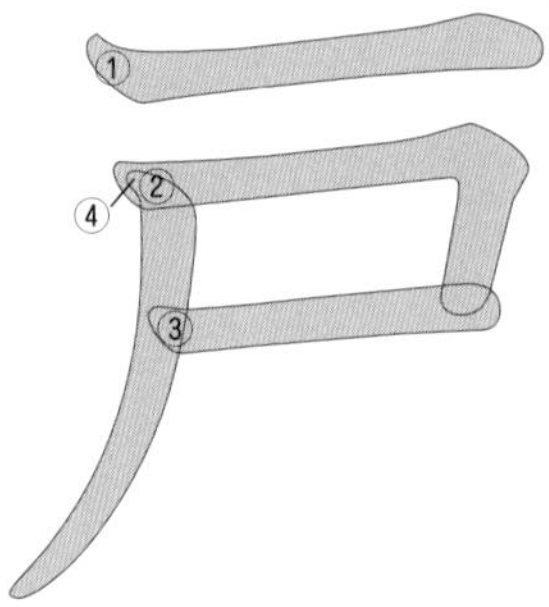

3年 所　2年 戸

書き方

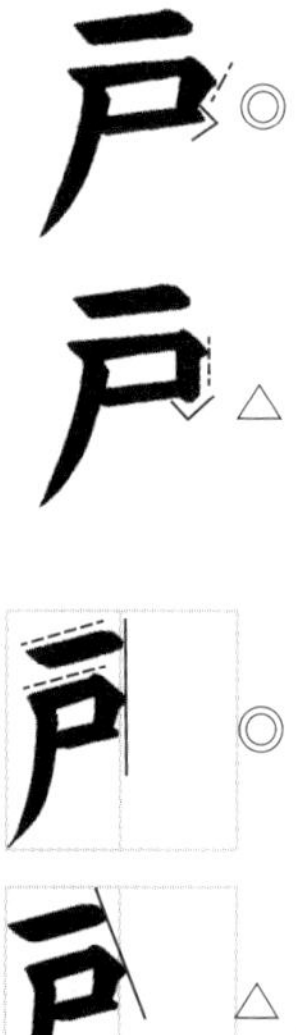

3年

家の門の所に、名前と住所が書かれた紙が落ちていました。

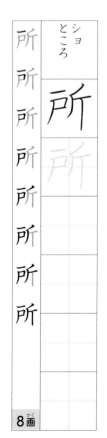

ショ
ところ

所

所 所 所 所 所 所 所 所

8画

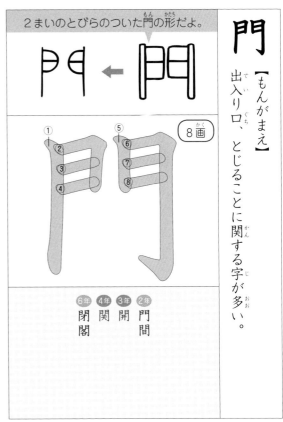

門

【もんがまえ】

出入り口、とじることに関する字が多い。

2まいのとびらのついた門の形だよ。

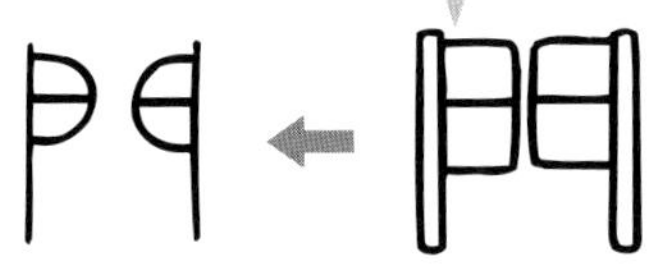

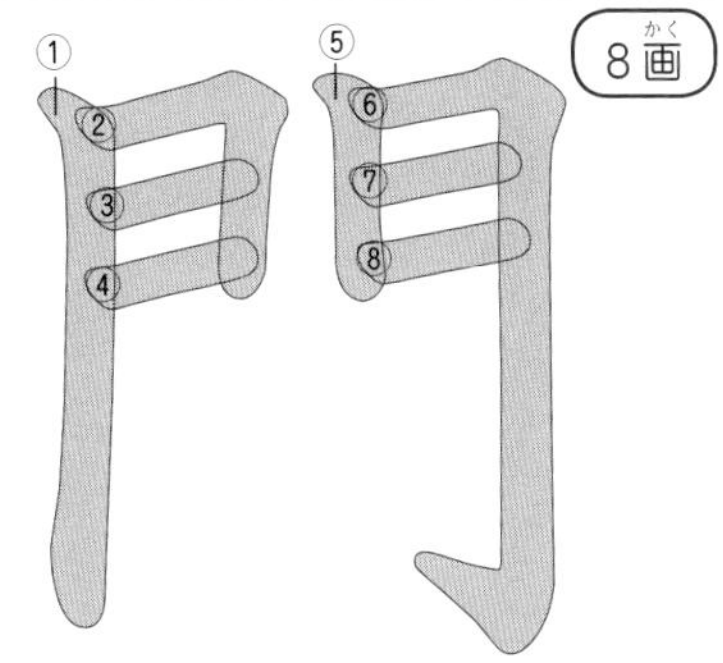

2年 門 間
3年 開
4年 関
6年 閉 閣

書き方

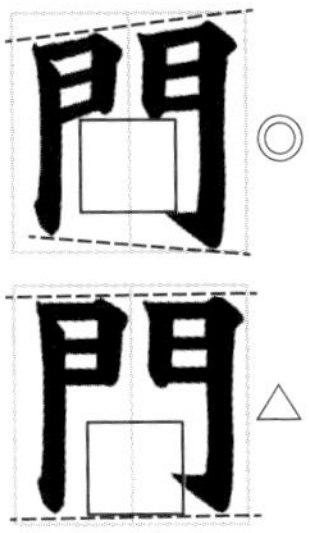

3年

開館日にはまどを開けて、風を入れます。

カイ
ひらく
ひらける
あく
あける

開

12画

4年

家に帰ったら、げん関のドアにかぎをかけます。

カン
せき
かかわる

関

14画

自然に関係のある部首

天体
p.68

- 夕 ゆうべ、た
- 月 つき、つきへん
- 日（曰） ひ、ひへん（ひらび、いわく）

水
p.64

- 冫 にすい
- 水（氵） みず（さんずい）
- 川 かわ

土や石
p.59

- 厂 がんだれ
- 石 いし、いしへん
- 阝（阜） こざとへん
- 土 つち、つちへん
- 山 やま、やまへん
- 金 かね、かねへん

植物
p.74

- 艹 くさかんむり
- 木 き、きへん
- 禾 のぎへん
- 生 うまれる
- 白 しろ
- 米 こめ、こめへん
- 麦 むぎ、ばくにょう
- 竹 たけ、たけかんむり
- 青 あお
- 食（飠） たべる（しょく、しょくへん）
- 香 か、かおり

気しょう
p.71

- 火（灬） ひ、ひへん（れっか、れんが）
- 气 きがまえ
- 赤 あか
- 黒 くろ
- 雨 あめ、あめかんむり
- 風 かぜ

土や石がもとになった部首

厂【がんだれ】

がけ、石、土などの意味を表す字が多い。

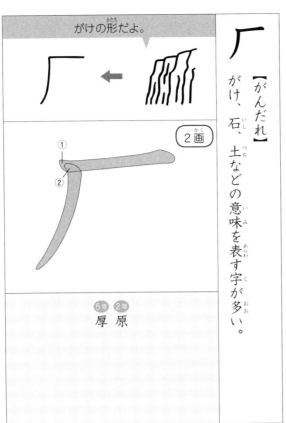

がけの形だよ。

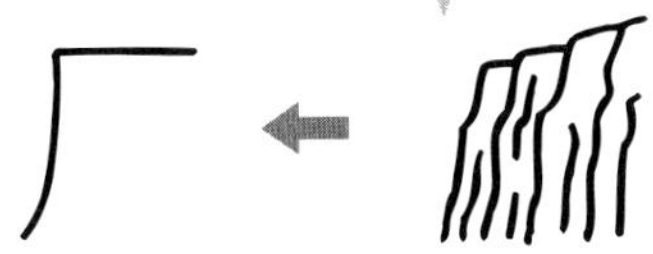

2画

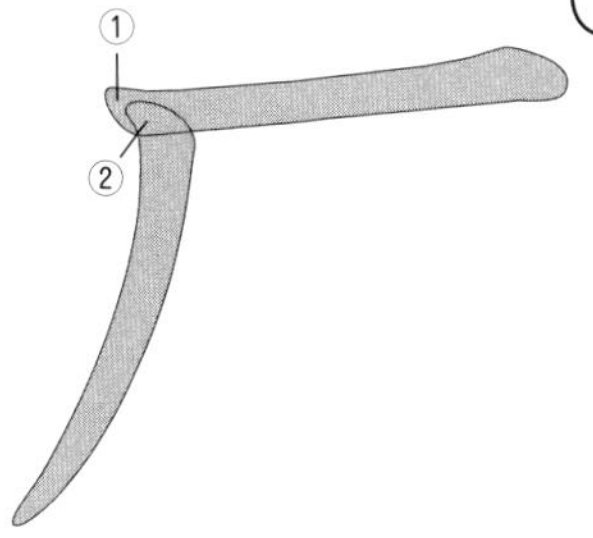

5年 厚　2年 原

石【いし、いしへん】

石や、石のようにかたいものを表す字が多い。

がけの下に石が転がっている形だよ。

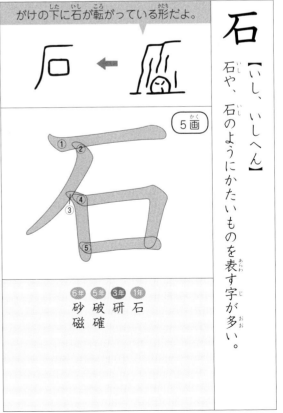

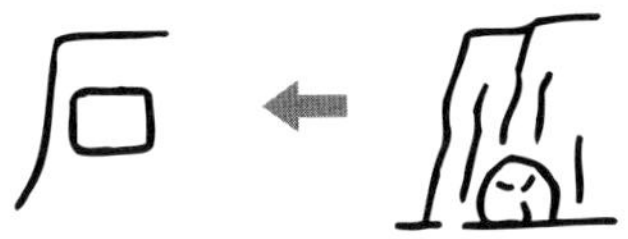

5画

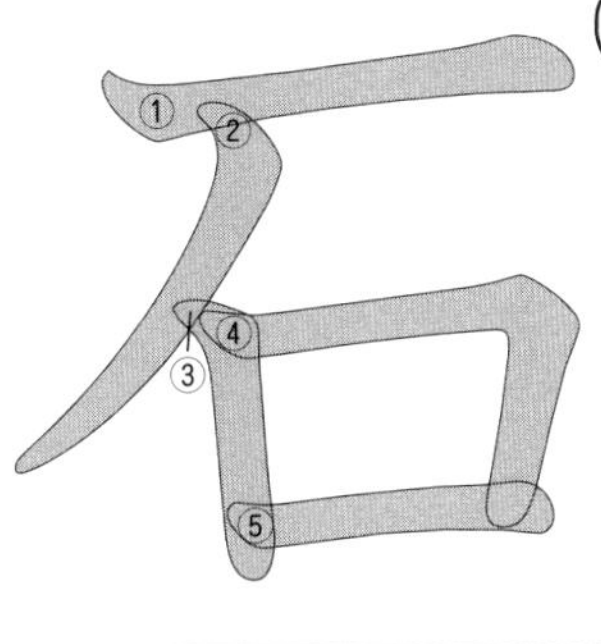

6年 砂 磁　5年 破 確　3年 研　1年 石

書き方

3年

夏休みの自由研究で、川の石の形について調べました。

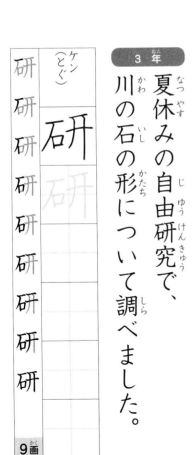

ケン（とぐ）

研

9画

研 研 研 研 研 研 研 研 研

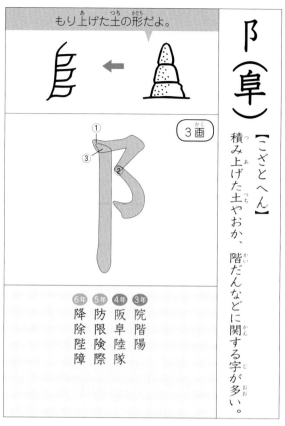

阝（阜）

【こざとへん】積み上げた土やおか、階だんなどに関する字が多い。

もり上げた土の形だよ。

3画

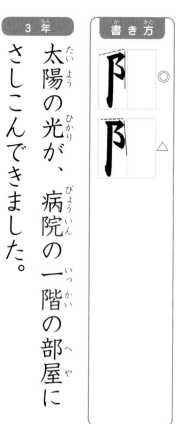

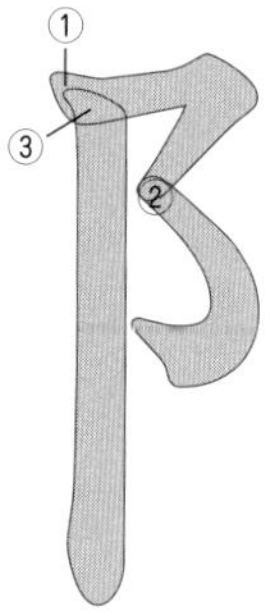

3年	4年	5年	6年
院	阪	防	降
階	阜	限	除
陽	陸	険	陛
	隊	際	障

書き方

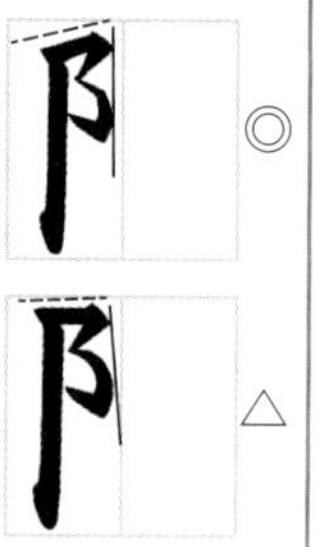

3年

太陽の光が、病院の一階の部屋にさしこんできました。

陽 ヨウ 12画

院

イン 10画

階

カイ 12画

4年

飛行機は、大阪の空港に着陸しました。

阪 （ハン）さか 7画

陸 リク 11画

4年

音楽隊は、岐阜県でコンサートを行いました。

土【つち、つちへん】

土という意味に関する字が多い。

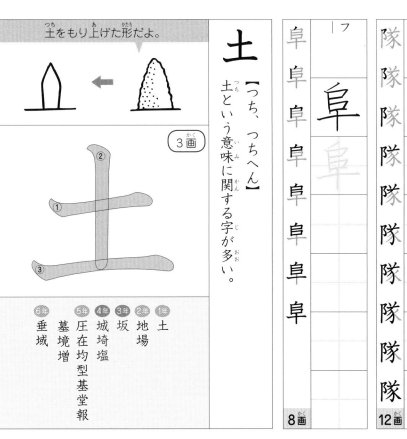

土をもり上げた形だよ。

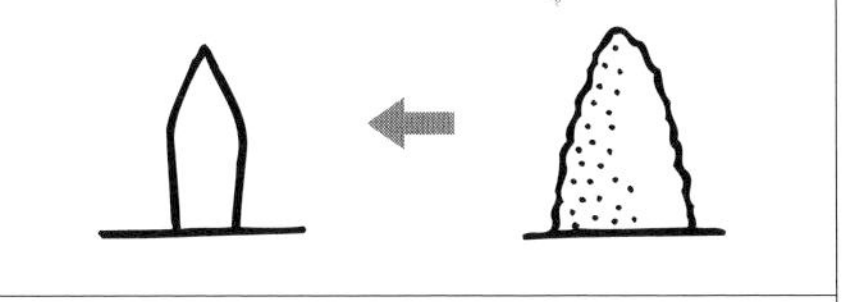

3画

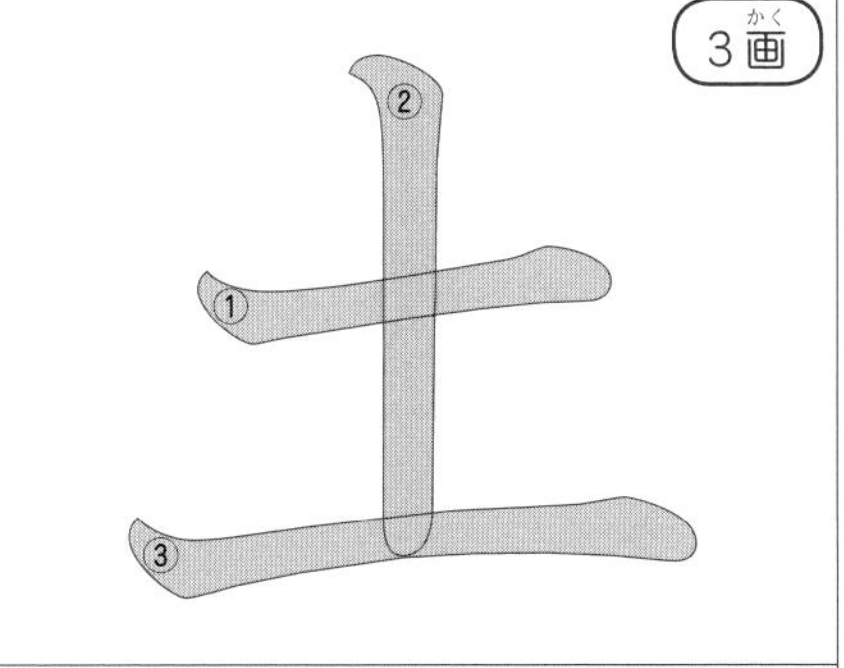

1年 土
2年 地 場
3年 坂
4年 城 埼 塩
5年 圧 在 均 型 基 堂 報 墓 境 増
6年 垂 域

書き方

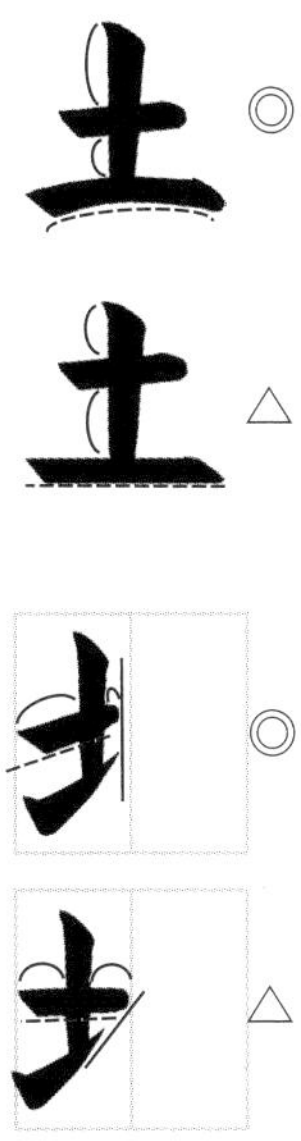

隊 タイ 12画

隊 隊 隊 隊 隊 隊 隊 隊 隊 隊

阜 フ 8画

阜 阜 阜 阜 阜 阜 阜 阜

3年

あの角の先は、急な下り坂になっています。

坂 （ハン） さか 7画

坂 坂 坂 坂 坂 坂 坂

4年

宮城県の名産の一つに、アカガイの塩づけがあります。

塩 エン しお 13画

塩 塩 塩 塩 塩 塩 塩 塩 塩 塩 塩 塩 塩

4年

今度の休みには、埼玉県の城をめぐりたいと思います。

埼 さい 11画

埼 埼 埼 埼 埼 埼 埼 埼 埼

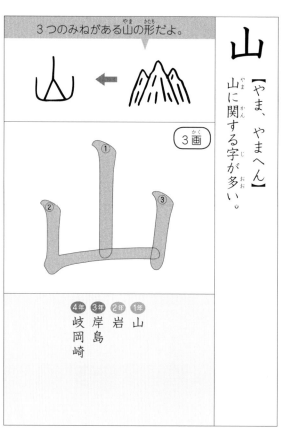

城　ジョウ　しろ

城 城 城 城 城 城 城 城 城 城

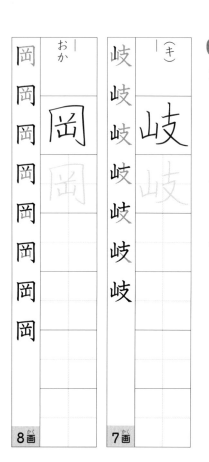

9画

山

【やま、やまへん】

山(やま)に関(かん)する字(じ)が多(おお)い。

3つのみねがある山(やま)の形(かたち)だよ。

3画(かく)

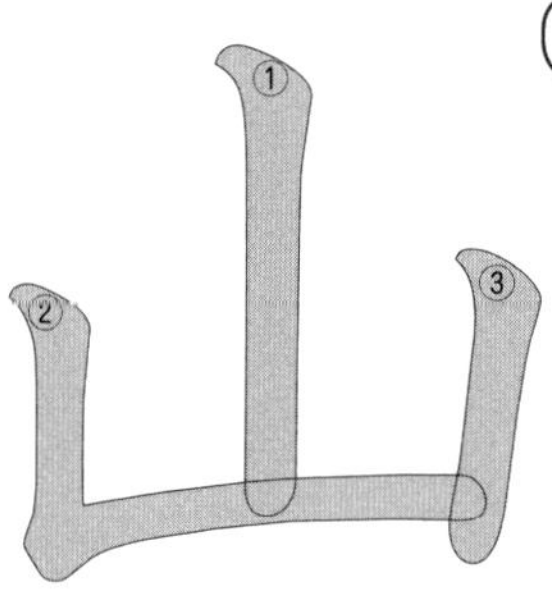

1年	2年	3年	4年
山	岩	岸 島	岐 岡 崎

書(か)き方(かた)

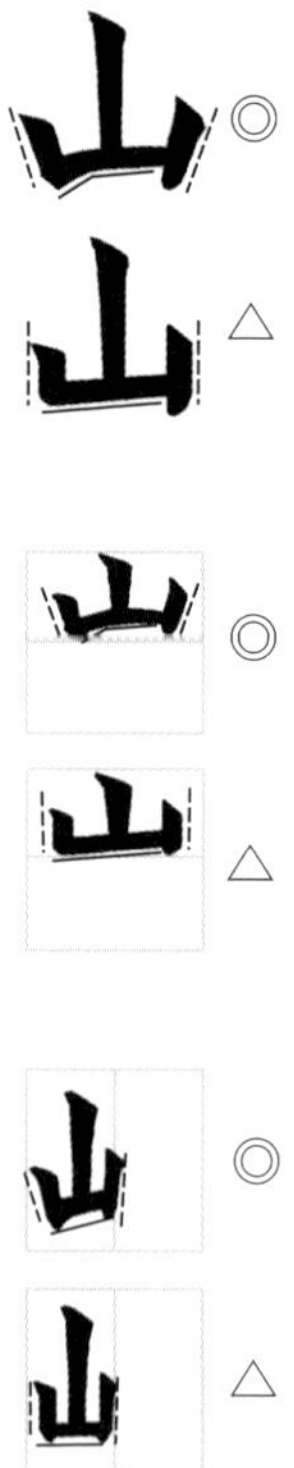

3年(ねん)

山(やま)から海岸(かいがん)の方(ほう)を見(み)ると、小(ちい)さな島(しま)がうかんでいました。

岸　ガン　きし

岸 岸 岸 岸 岸 岸 岸 岸

8画

島　トウ　しま

島 島 島 島 島 島 島 島 島 島

10画

4年(ねん)

この山道(やまみち)は分岐点(ぶんきてん)をすぎると、福岡県(ふくおかけん)に入(はい)ります。

岐　（キ）

岐 岐 岐 岐 岐 岐 岐

7画

岡　おか

岡 岡 岡 岡 岡 岡 岡 岡

8画

4年

学校のうら山に登ると、長崎市の様子を見わたすことができます。

崎 さき 11画

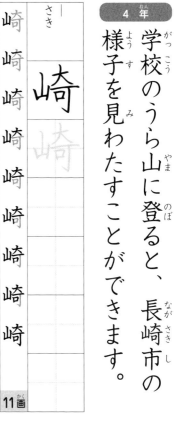

崎 崎 崎 崎 崎 崎 崎 崎 崎 崎

金

【かね、かねへん】

金ぞくの種類やせいしつ、金ぞくで作った物を表す字が多い。

土の中に、金ぞくのつぶがとじこめられた形だよ。

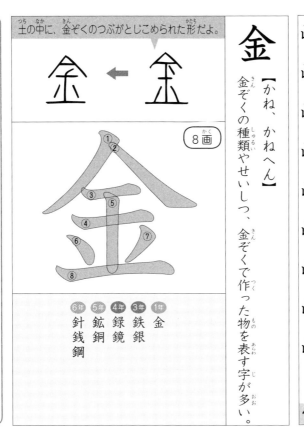

8画

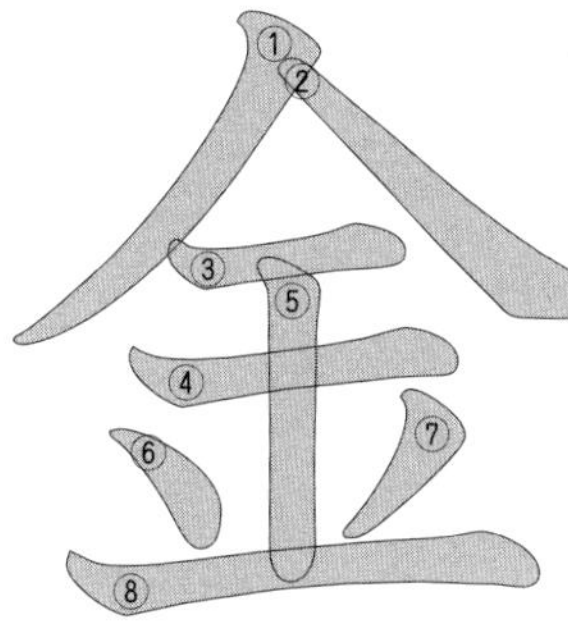

1年	3年	4年	5年	6年
金	鉄 銀	録 鏡	鉱 銅	針 銭 鋼

書き方

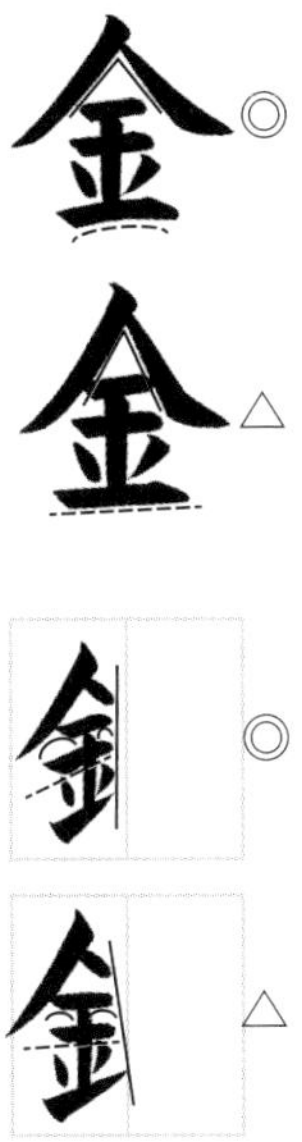

3年

山からほり出した銀を、鉄道で運びます。

銀 ギン 14画

銀 銀 銀 銀 銀 銀 銀 銀 銀

鉄 テツ 13画

鉄 鉄 鉄 鉄 鉄 鉄 鉄 鉄

4年

発見された鏡について、古い記録を調べました。

鏡 キョウ かがみ 19画

鏡 鏡 鏡 鏡 鏡 鏡 鏡 鏡 鏡 鏡

録 ロク 16画

録 録 録 録 録 録 録 録 録

水がもとになった部首

冫

【にすい】
氷や、氷のように固まること、冷たいなどを表す字が多い。

氷が２つにわれたようすだよ。

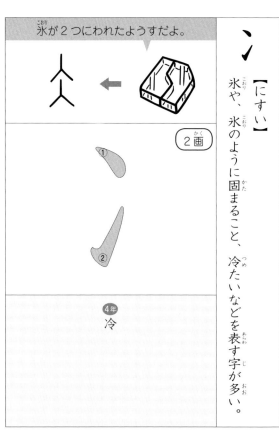

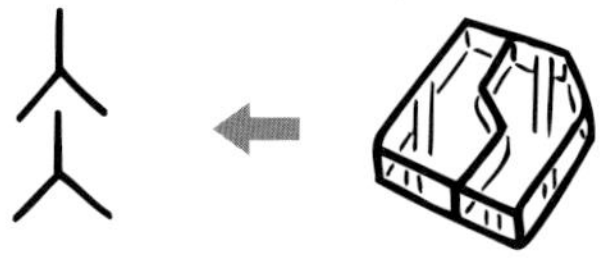

２画

4年 冷

書き方

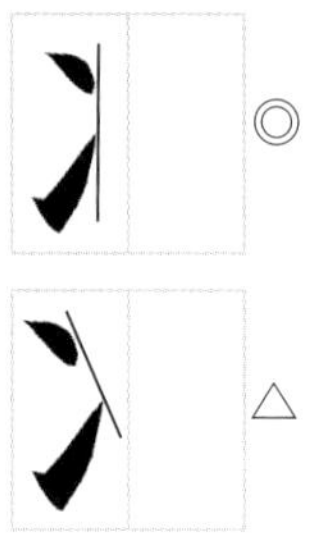

4年

冷たい水を飲んで、冷静になりましょう。

冷

レイ
つめたい
ひえる｜ひや
ひやす
ひやかす
さめる｜さます

冷 冷 冷 冷 冷 冷 冷

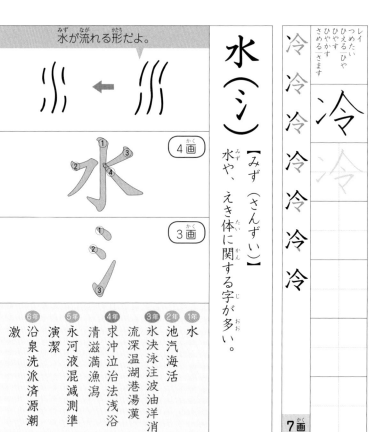

7画

水（氵）

【みず（さんずい）】
水や、えき体に関する字が多い。

水が流れる形だよ。

４画

３画

1年 水

2年 池 汽 海 活

3年 氷 決 泳 注 波 油 洋 消 流 深 温 湖 港 湯 漢

4年 求 沖 泣 治 法 浅 浴 清 滋 満 漁 潟

5年 永 河 液 混 減 測 準 演 潔

6年 沿 泉 洗 派 済 源 潮 激

書き方

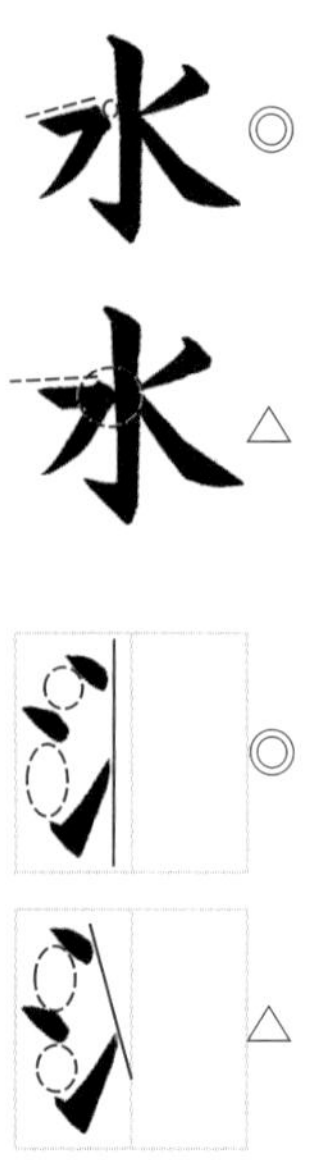

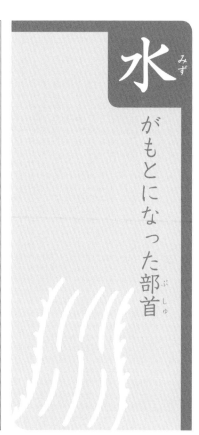

3年

氷(こおり)がはった深(ふか)い湖(みずうみ)にもぐり、泳(およ)ぎました。

氷 ヒョウ こおり (ひ) 5画

深 シン ふかい ふかまる ふかめる 11画

湖 コ みずうみ 12画

泳 エイ およぐ 8画

3年

川(かわ)に注(そそ)ぎこんだ水(みず)は、大(おお)きな流(なが)れとなります。

注 チュウ そそぐ 8画

流 リュウ (ル) ながれる ながす 10画

3年

海洋(かいよう)に流出(りゅうしゅつ)した原油(げんゆ)を全部(ぜんぶ)すくい取(と)ると、決意(けつい)しました。

洋 ヨウ — 9画

油 ユ あぶら 8画

決 ケツ きめる きまる 7画

3年

すなに書いた漢字は、たちまち波に消されました。

漢
カン
ー
13画

波
ハ
なみ
8画

消
ショウ
きえる
けす
10画

3年

港の近くの宿で、温かい湯につかりましょう。

港
コウ
みなと
12画

温
オン
あたたか
あたたかい
あたたまる
あたためる
12画

湯
トウ
ゆ
12画

4年

たくさんの人びとが、青い海を求めて沖縄の海水浴場にやってきます。

求
キュウ
もとめる
7画

沖
（チュウ）
おき
7画

浴
ヨク
あびる
あびせる
10画

4年

歯(は)のいたみが治(おさ)まる方法(ほうほう)をためしたら、その子(こ)はやっと泣(な)きやみました。

治　ジ・チ　おさめる　おさまる　なおる　なおす　8画

法　ホウ　(ハッ)　(ホッ)　8画

泣　(キュウ)　なく　8画

4年

滋賀県(しがけん)には、びわ湖(こ)に注(そそ)ぎこむ浅(あさ)く清(きよ)らかな川(かわ)が数多(かずおお)くあります。

*「し」は、地名(ちめい)としての特別(とくべつ)な読(よ)み方(かた)です。

滋　(ジ)　12画

浅　(セン)　あさい　9画

清　セイ　(ショウ)　きよい　きよまる　きよめる　11画

4年

新潟県(にいがたけん)の漁港(ぎょこう)でおいしい魚(さかな)をたくさん食(た)べられて、大満足(だいまんぞく)です。

潟　かた　15画

漁　ギョ　リョウ　14画

満　マン　みちる　みたす　12画

川

【かわ】水の流れに関する字が多い。

川が流れている形だよ。

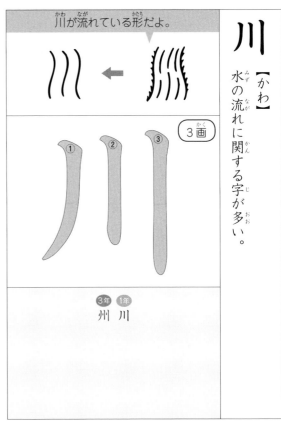

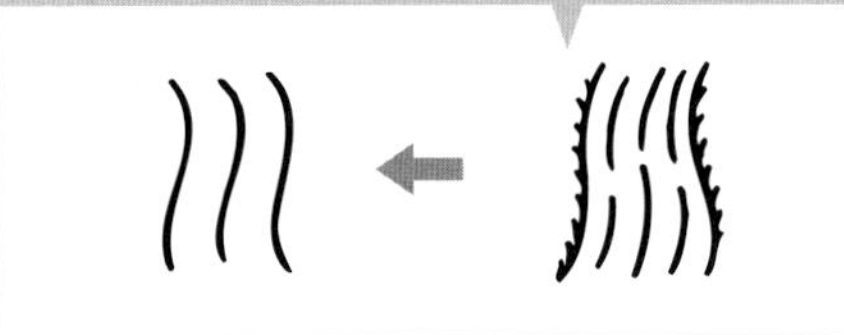

3画

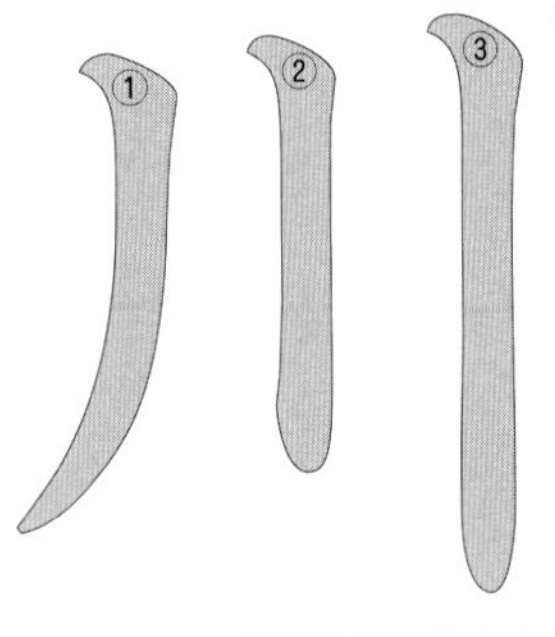

3年 州　1年 川

書き方

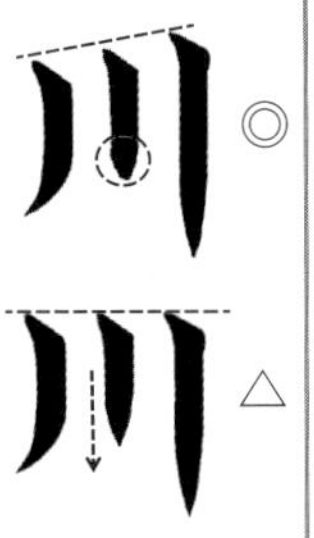

3年

九州で一番長い川は、ちくご川です。

州

シュウ
（す）

州 州 州 州 州 州

6画

天体がもとになった部首

夕

【ゆうべ、た】暗くて見えないという意味を表す字が多い。

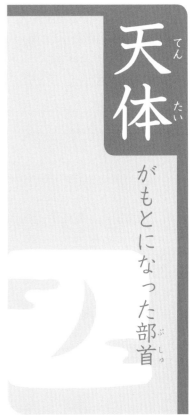

三日月の形だよ。

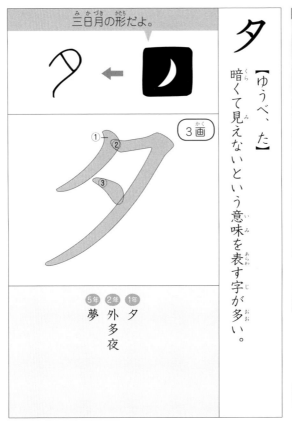

3画

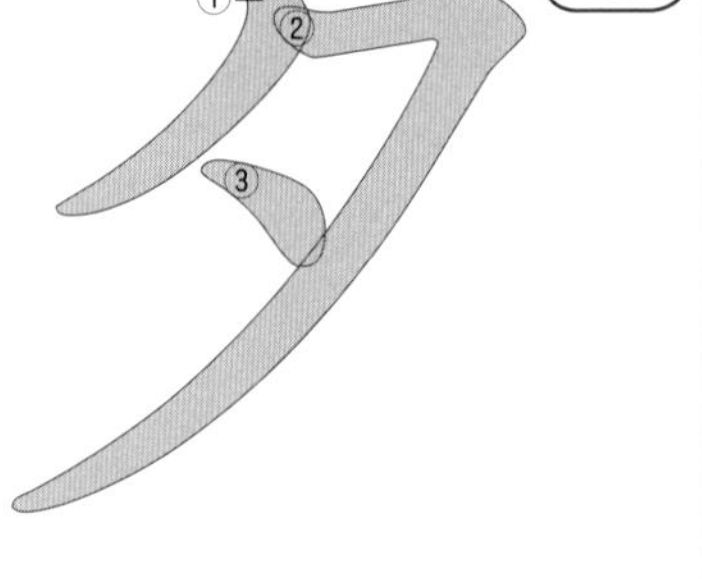

5年 夢　2年 外 多 夜　1年 夕

月【つき、つきへん】

月の様子や時間に関する字が多い。

三日月の形だよ。

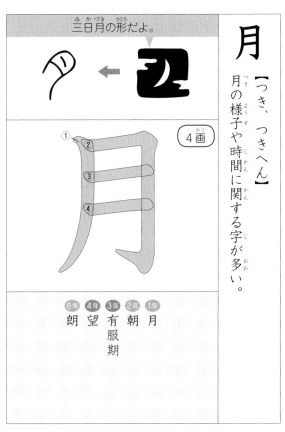

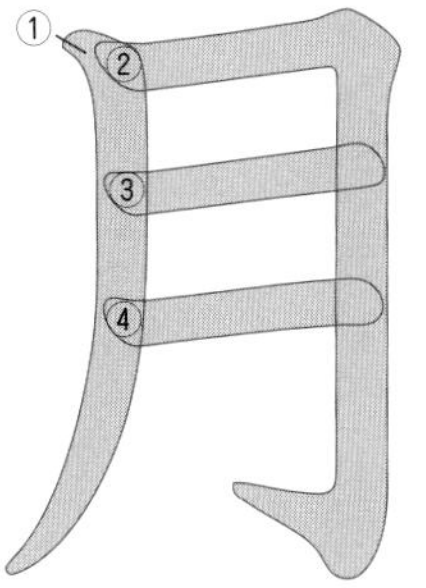

4画

1年	2年	3年	4年	6年
月	朝	有 服 期	望	朗

書き方

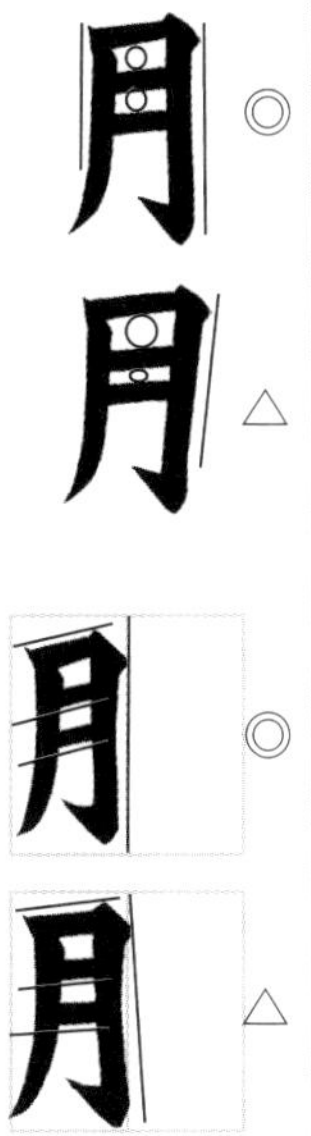

3年

「月光」は、ベートーベンが作曲した、有名なピアノ曲です。

有　ユウ（ウ）ある　6画

3年

来月からは新学期なので、新しいせい服を買ってもらった。

期　キ（ゴ）　12画

服　フク　8画

4年

母は、海を望む場所に家を建てることを希望しました。

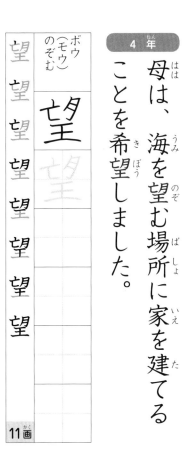

望　ボウ（モウ）のぞむ　11画

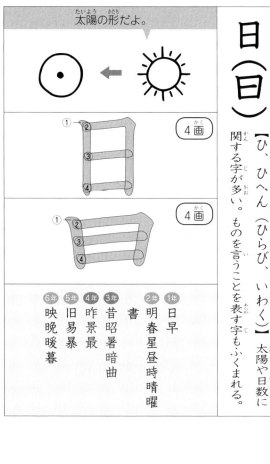

日（日）

【ひ、ひへん（ひらび、いわく）】太陽や日数に関する字が多い。ものを言うことを表す字もふくまれる。

太陽の形だよ。

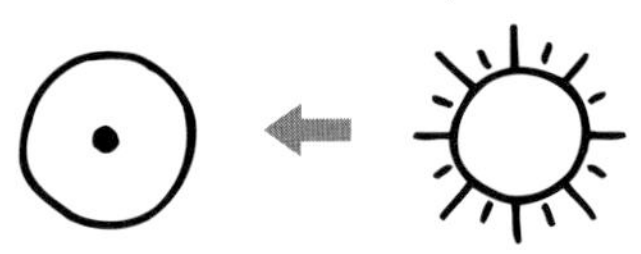

4画

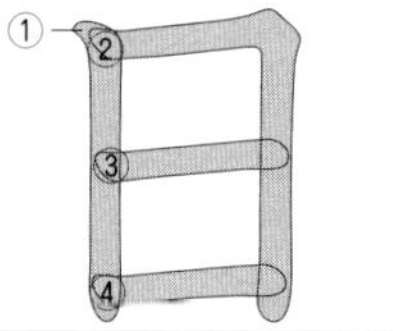

4画

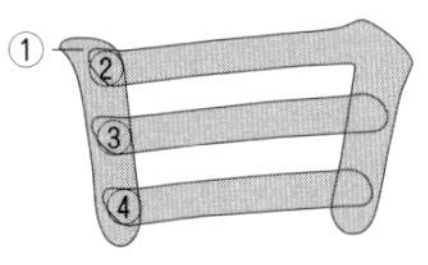

1年	2年	3年	4年	5年	6年
日 早	明 春 星 昼 時 晴 曜 書	昔 昭 暑 暗 曲	昨 景 最	旧 易 暴	映 晩 暖 暮

書き方

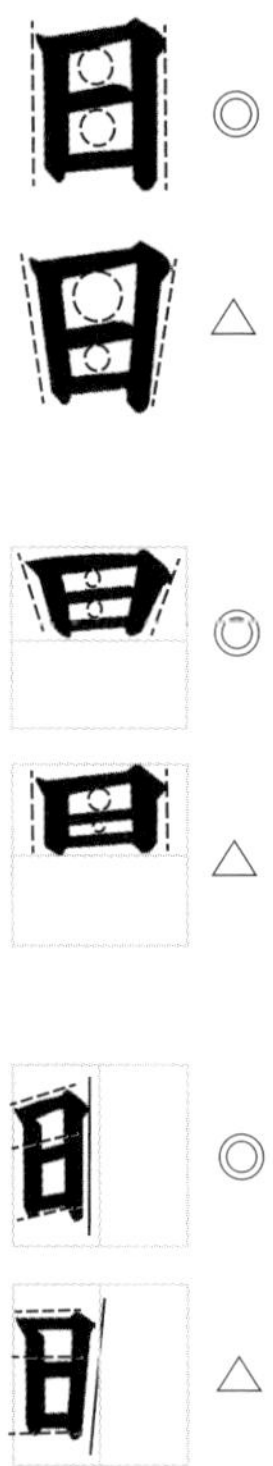

3年

昔の夏は、こんなに暑くなかったと父が言いました。

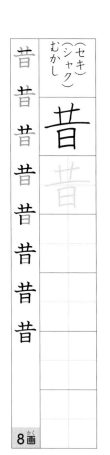

昔　（セキ）（シャク）　むかし　8画

昔 昔 昔 昔 昔 昔 昔 昔

暑　ショ　あつい　12画

暑 暑 暑 暑 暑 暑 暑 暑 暑 暑 暑 暑

3年

昭和の時代につくられた、うす暗く曲がりくねった道を歩く。

昭　ショウ　9画

昭 昭 昭 昭 昭 昭 昭 昭 昭

暗　アン　くらい　13画

暗 暗 暗 暗 暗 暗 暗 暗 暗 暗 暗 暗 暗

曲　キョク　まがる　まげる　6画

曲 曲 曲 曲 曲 曲

4年

昨日、山の上から見た風景は最高に美しかった。

昨　サク　9画

景　ケイ　12画

最　サイ　もっとも　12画

気しょうがもとになった部首

火（灬）

【ひ、ひへん（れっか、れんが）】

火がもえていることに関する字が多い。

火がもえている様子だよ。

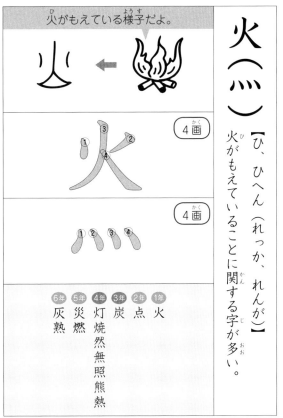

4画

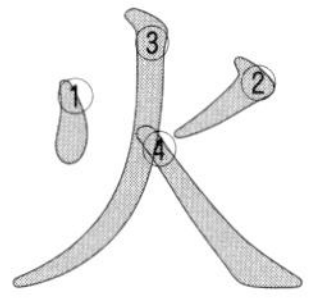

4画

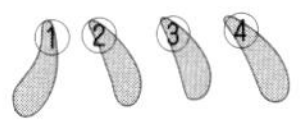

1年	2年	3年	4年	5年	6年
火	点	炭	灯 焼 然 無 照 熊 熱	災 燃	灰 熟

書き方

火 ◎

火 △

火 ◎

火 △

灬 ◎

灬 △

3年

石炭は、火力発電に使われています。

炭　タン　すみ　9画

4年

灯台(とうだい)の光(ひかり)が、夜(よる)の海(うみ)を照(て)らしています。

灯

トウ
（ひ）

6画

照

ショウ
てる
てらす
てれる

13画

4年

ここは無人島(むじんとう)なのだから、焼(や)きたてのパンや熱(あつ)いお茶(ちゃ)は出(で)てこないよ。

無

ム
ブ
ない

12画

焼

（ショウ）
やく
やける

12画

熱

ネツ
あつい

15画

4年

熊本県(くまもとけん)の自然(しぜん)について、調(しら)べましょう。

熊

くま

14画

然

ゼン
ネン

12画

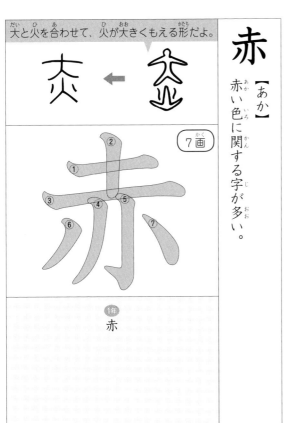

赤

大と火を合わせて、火が大きくもえる形だよ。

【あか】

赤い色に関する字が多い。

7画

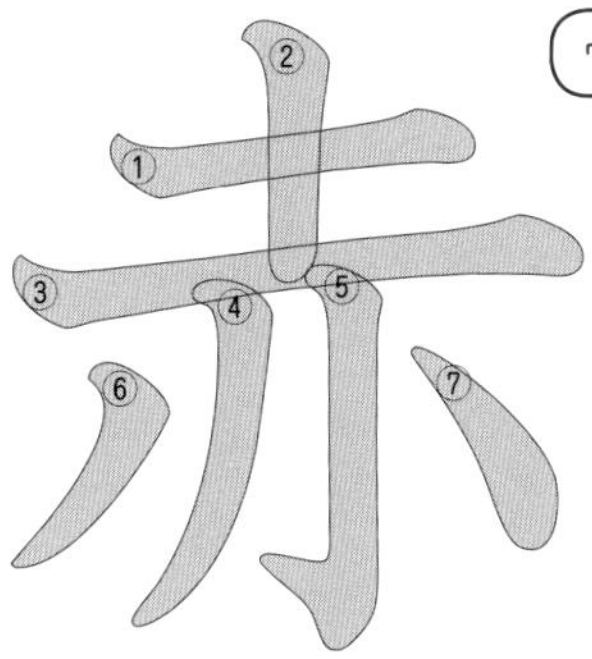

1年

赤

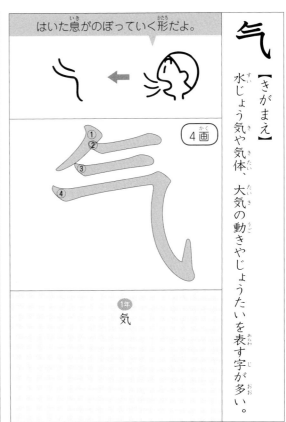

气

はいた息がのぼっていく形だよ。

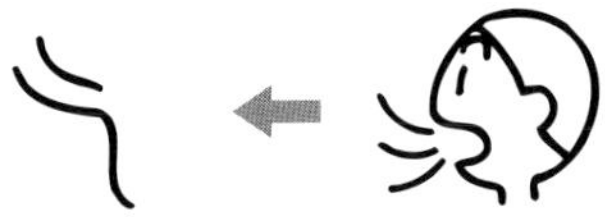

【きがまえ】

水じょう気や気体、大気の動きやじょうたいを表す字が多い。

4画

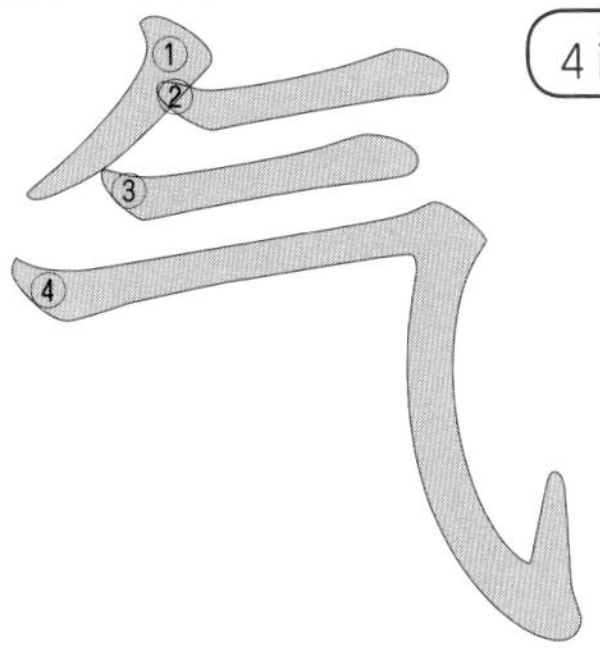

1年

気

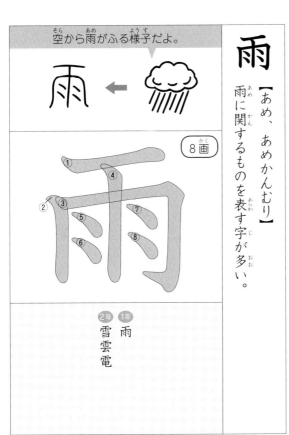

雨

空から雨がふる様子だよ。

【あめ、あめかんむり】

雨に関するものを表す字が多い。

8画

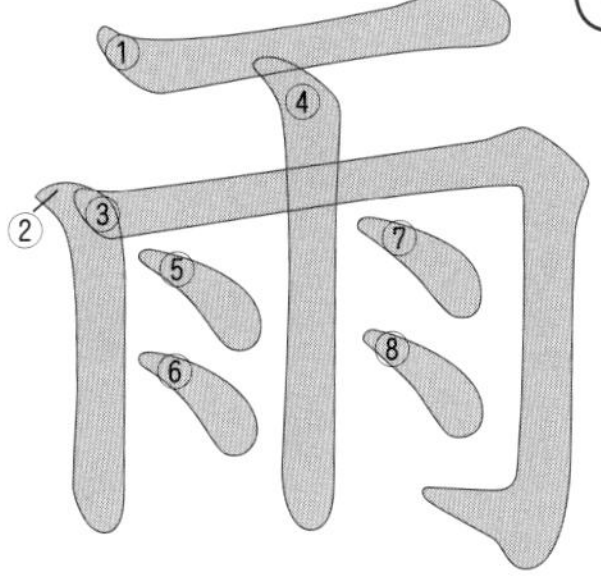

1年

雨

2年

雪
雲
電

黒

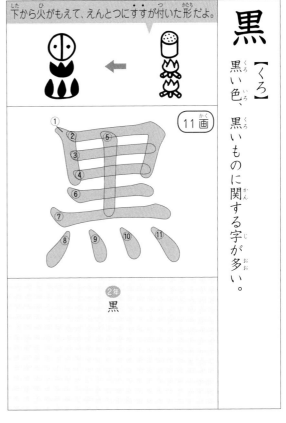

下から火がもえて、えんとつにすすが付いた形だよ。

【くろ】

黒い色、黒いものに関する字が多い。

11画

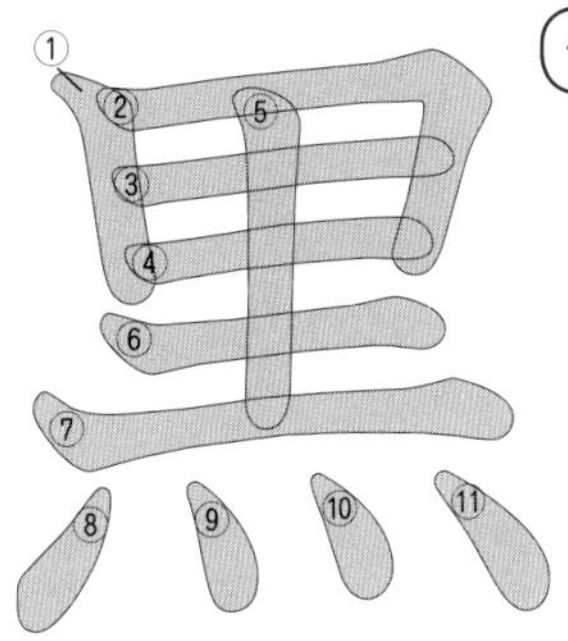

2年

黒

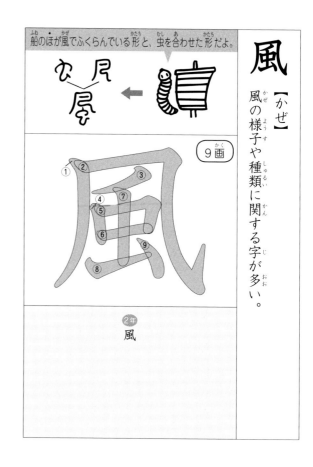

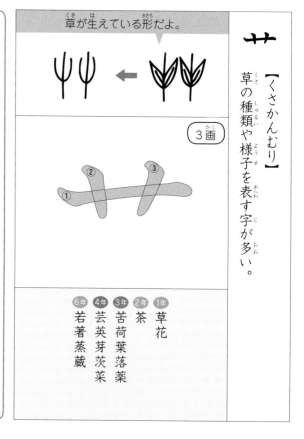

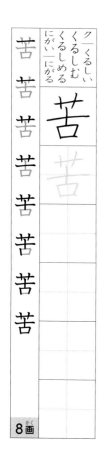

風

【かぜ】

風の様子や種類に関する字が多い。

船のほが風でふくらんでいる形と、虫を合わせた形だよ。

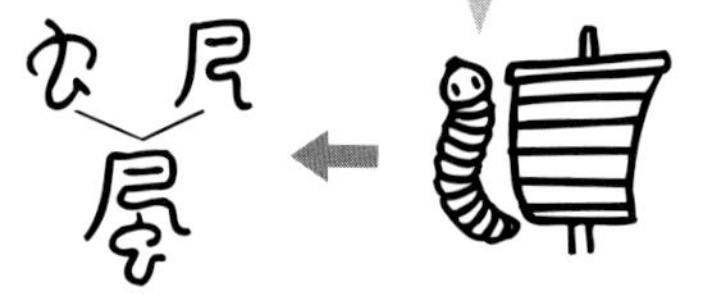

9画

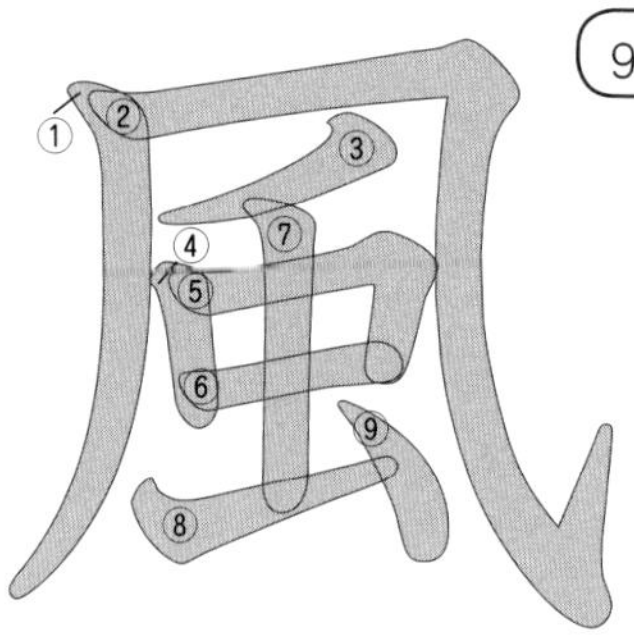

2年 風

植物がもとになった部首

艹

【くさかんむり】

草の種類や様子を表す字が多い。

草が生えている形だよ。

3画

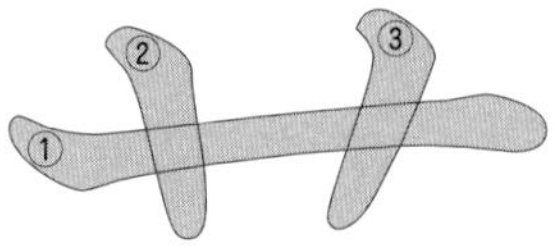

1年	2年	3年	4年	6年
草花	茶	苦荷葉落薬	芸英芽茨菜	若著蒸蔵

書き方

◎

△

3年

苦いけれどよくきく薬を、旅の荷物に入れました。

苦

ク — くるしい くるしむ くるしめる にがい — にがる

8画

苦 苦 苦 苦 苦 苦 苦 苦

薬 ヤク くすり 16画
薬 薬 薬 薬 薬 薬 薬 薬 薬

荷 （カ） に 10画
荷 荷 荷 荷 荷 荷 荷 荷 荷 荷

3年

林(はやし)の地面(じめん)には、落(お)ち葉(ば)がたくさんしきつめられて、ふかふかです。

落 ラク おちる おとす 12画
落 落 落 落 落 落 落 落 落 落

葉 ヨウ は 12画
葉 葉 葉 葉 葉 葉 葉 葉 葉 葉

4年

園芸店(えんげいてん)で買(か)った野菜(やさい)の種(たね)をまいたら、すぐに芽(め)が出(で)ました。

芸 ゲイ 7画
芸 芸 芸 芸 芸 芸 芸

菜 サイ な 11画
菜 菜 菜 菜 菜 菜 菜 菜 菜 菜

芽 ガ め 8画
芽 芽 芽 芽 芽 芽 芽 芽

4年

茨城県(いばらきけん)の美(うつく)しい草原(くさはら)で、友達(ともだち)と英会話(えいかいわ)の練習(れんしゅう)をした。

茨 いばら 9画
茨 茨 茨 茨 茨 茨 茨 茨 茨

英 エイ 8画
英 英 英 英 英 英 英 英

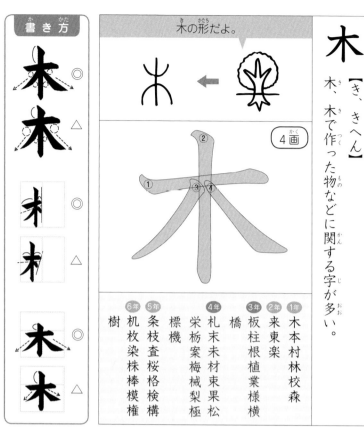

木【き、きへん】

木、木で作った物などに関する字が多い。

木の形だよ。

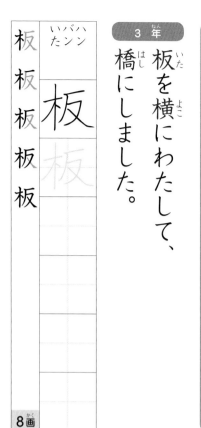

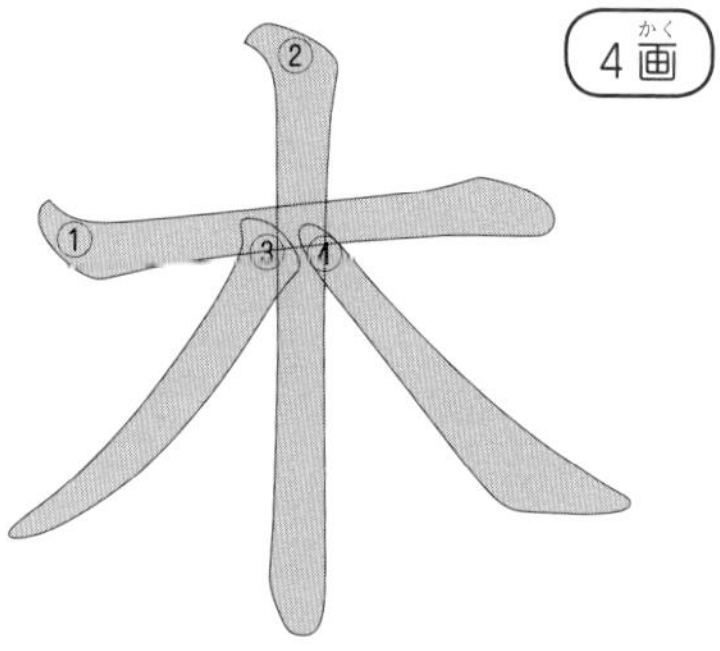

1年	2年	3年		4年			5年	6年	
木本村林校森	来東楽	板柱根植業様横	橋	札末未材束果松	栄栃案梅械梨極	標機	条枝査桜格検構	机枚染株棒模権	樹

書き方

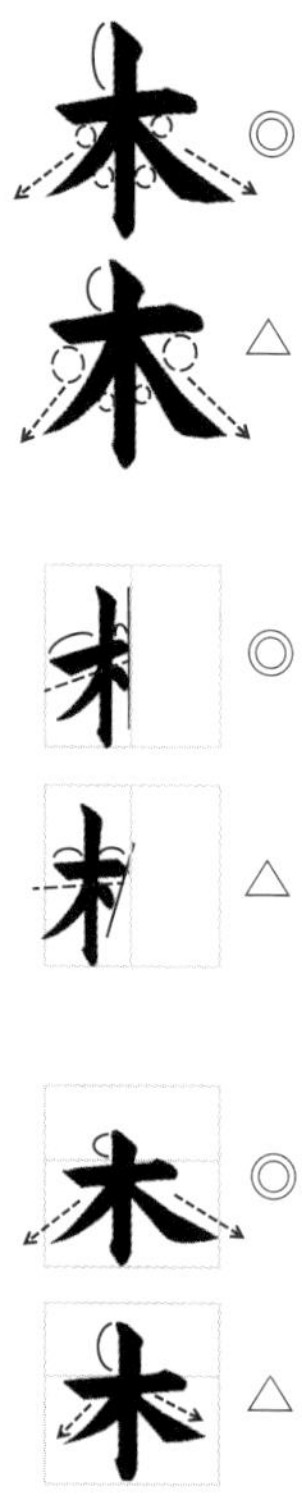

3年

板を横にわたして、橋にしました。

板 ハン バン いた 8画

横 オウ よこ 15画

橋 キョウ はし 16画

3年

柱を立てて、屋根をつけたら、ずいぶん家らしい形になりました。

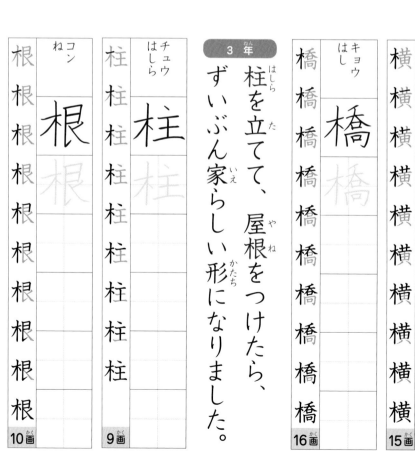

柱 チュウ はしら 9画

根 コン ね 10画

3年

林業の仕事につくために、まず木を植えて、数年様子を見ます。

業
ギョウ（ゴウ）（わざ）
13画

植
ショク うえる うわる
12画

様
ヨウ さま
14画

4年
百万円分の札束は、持ってみると案外軽かった。

札
サツ ふだ
5画

束
ソク たば
7画

案
アン
10画

4年
年末に梅の木の下にうめた箱は、三十年後の未来にほり出そう。

末
マツ（バツ） すえ
5画

梅
バイ うめ
10画

未
ミ
5画

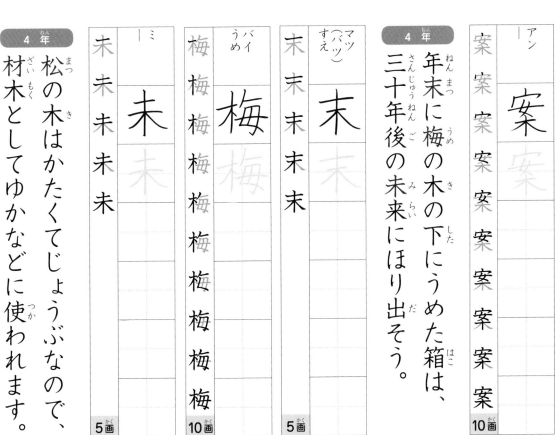

4年
松の木はかたくてじょうぶなので、材木としてゆかなどに使われます。

松
ショウ
まつ
8画

材
ザイ
7画

4年
山梨県には、果実のさいばいで栄えた家がたくさんあります。

梨
なし
11画

果
カ
はたす
はてる
はて
8画

栄
エイ
さかえる
(はえ)
(はえる)
9画

4年
栃木県は、いちごの産地として有名です。

栃
とち
9画

4年
機械化される前の農業は、大変な重労働でした。

機
キ
(はた)
16画

械
カイ
11画

4年
標語を考えながらまどの外を見ると木の上に北極星が重なっていた。

標
ヒョウ
15画

極
キョク（ゴク）
（きわめる）（きわまる）（きわみ）
12画

禾【のぎへん】

イネやアワなどの作物や、そのせいしつに関する字が多い。

こく物のほがたれ下がった様子だよ。

5画

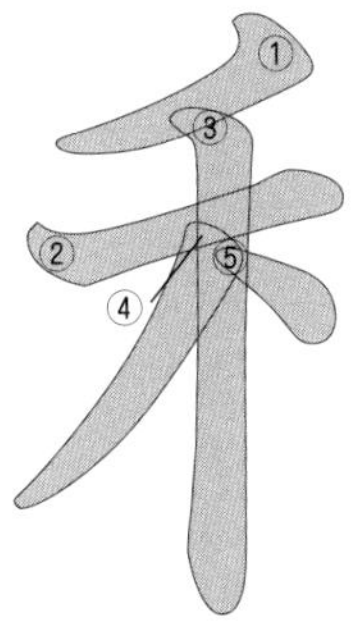

2年	3年	4年	5年	6年
科 秋	秒	種 積	移 税 程	私 秘 穀

書き方

◎

△

3年

四十秒でしたくをしなさい。

秒
ビョウ
9画

4年

いろいろな種類の野菜をならべておくには、かなりの面積が必要だ。

種
シュ
たね
14画

積
セキ
つむ
つもる
16画

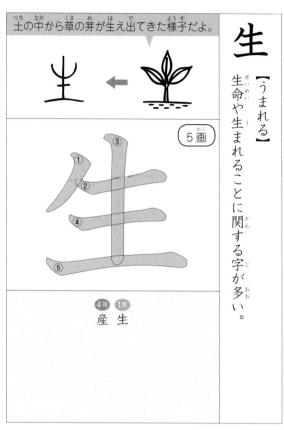

生

【うまれる】生命や生まれることに関する字が多い。

土の中から草の芽が生え出てきた様子だよ。

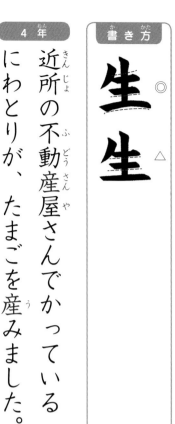

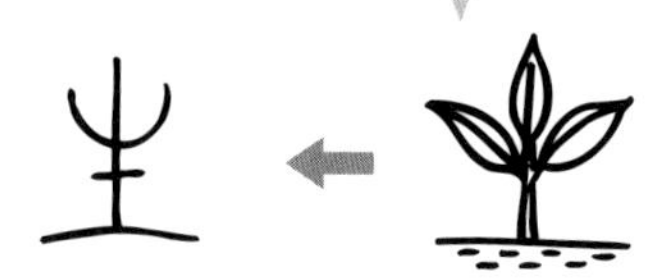

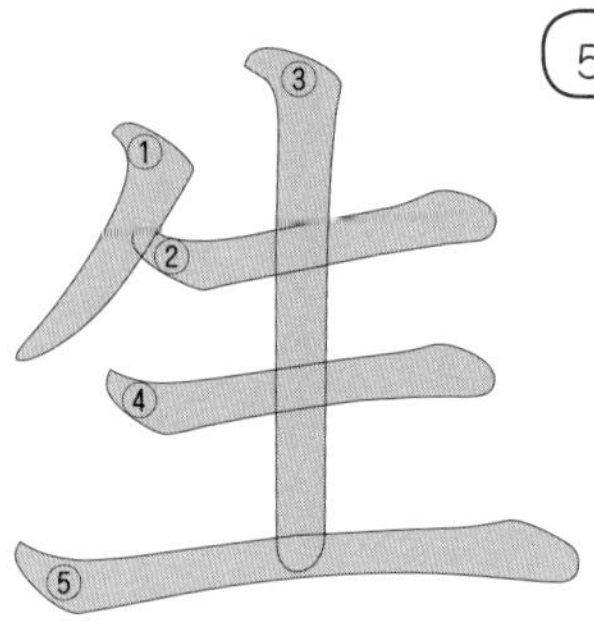

4年 産
1年 生

書き方

生 ◎
生 △

4年

近所の不動産屋さんでかっているにわとりが、たまごを産みました。

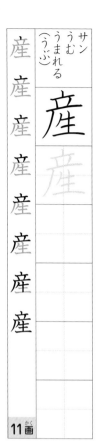

産
サン
うむ
うまれる
(うぶ)

11画

産 産 産 産 産 産 産 産

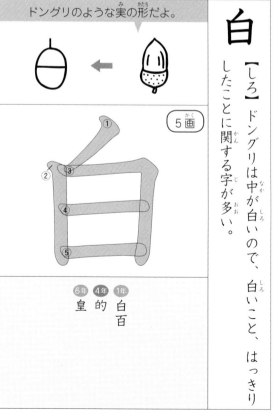

白

【しろ】ドングリは中が白いので、白いこと、はっきりしたことに関する字が多い。

ドングリのような実の形だよ。

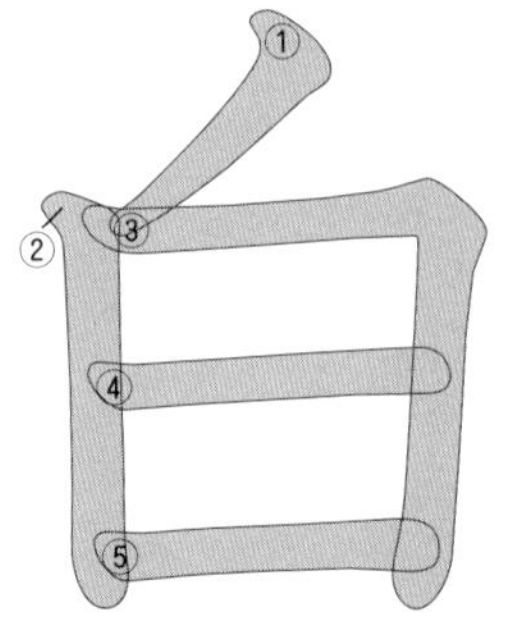

6年 皇
4年 的
1年 白 百

書き方

白 ◎
白 △
白 ◎
白 △

4年

あの人は一方的に発言し、こちらがたずねると的外れな答えをする。

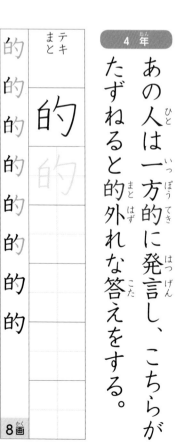

的
テキ
まと

8画

的 的 的 的 的 的 的 的

米

【こめ、こめへん】
米や米で作った物に関する字が多い。

米のつぶがちらばった様子だよ。

6画

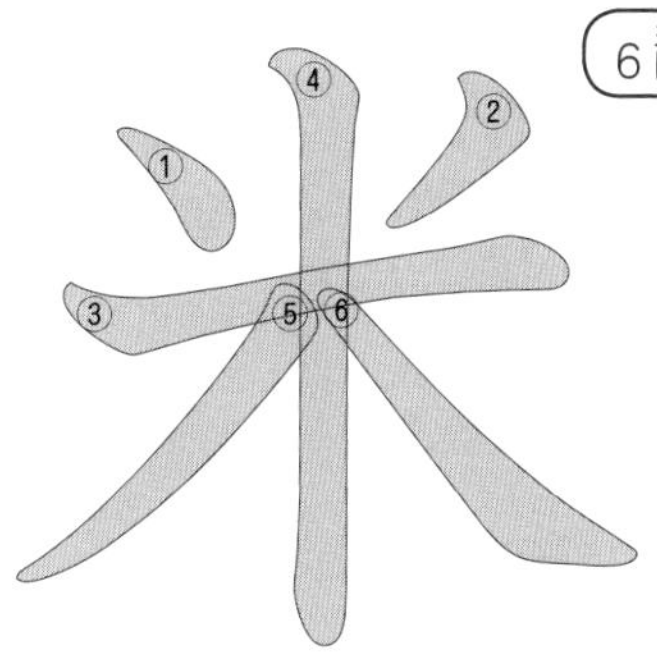

6年 糖　5年 粉 精　2年 米

麦

【むぎ、ばくにょう】
麦や麦で作った物に関する字が多い。

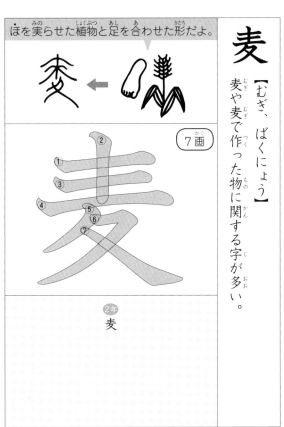

ほを実らせた植物と足を合わせた形だよ。

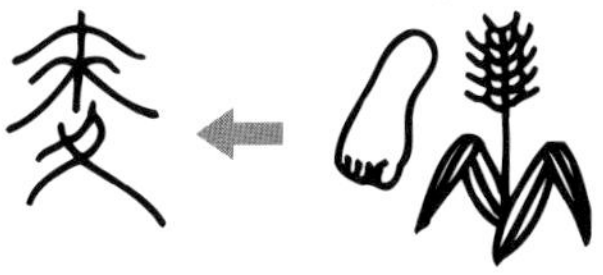

7画

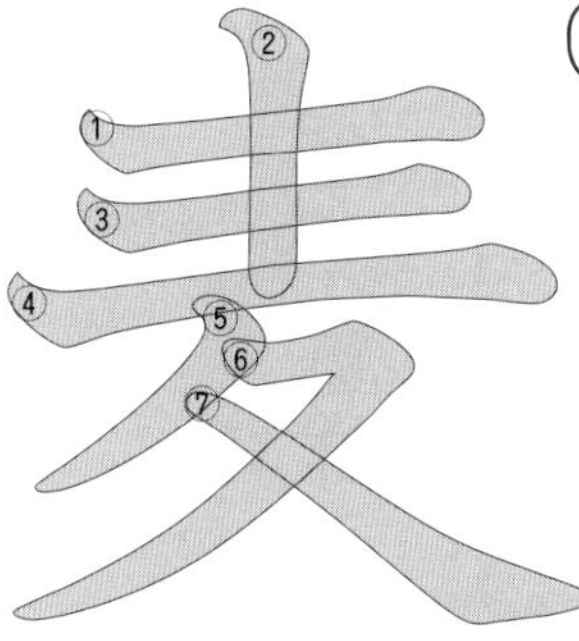

2年 麦

竹

【たけ、たけかんむり】
竹や竹で作った物に関する字が多い。

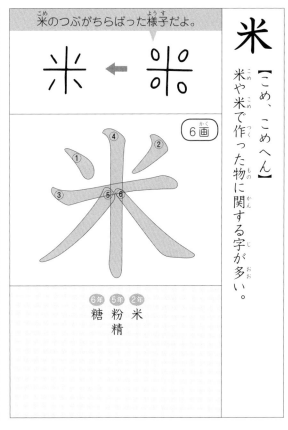

2本の竹の形だよ。

6画

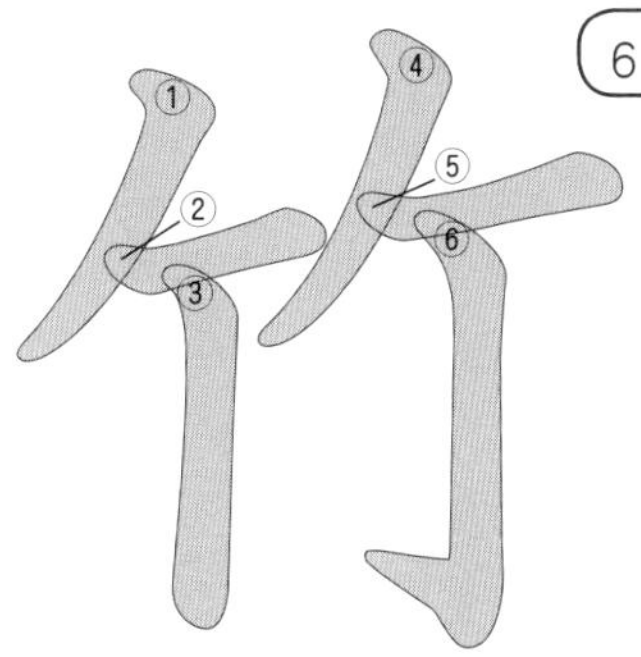

1年 竹　2年 答 算　3年 第 笛 等 筆 箱　4年 笑 節 管　5年 築　6年 筋 策 箇

書き方

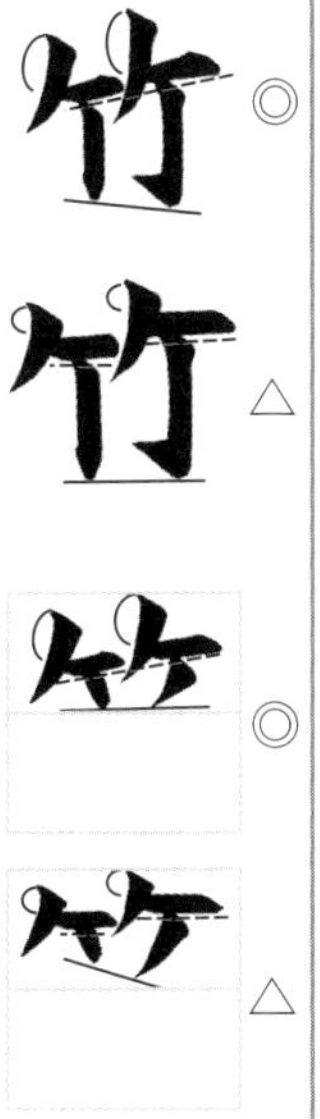

3年

書道界の第一人者は、箱に入ったりっぱな筆を持っていました。

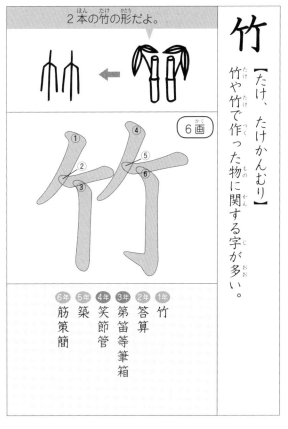

ダイ

第

第

第 第 第 第 第 第

11画

箱 はこ 15画

箱 箱 箱 箱 箱 箱 箱 箱 箱 箱

筆 ヒツ ふで 12画

筆 筆 筆 筆 筆 筆 筆

3年

長さの等しい竹を用意して二本の笛を作りました。

等 トウ ひとしい 12画

等 等 等 等 等 等 等

笛 テキ ふえ 11画

笛 笛 笛 笛 笛 笛

4年

おじいさんが竹を切ってみると、小さな女の子が笑っていました。

笑 （ショウ） わらう （えむ） 10画

笑 笑 笑 笑 笑 笑 笑 笑 笑 笑

4年

節分の日に、竹やぶの中で管楽器をえんそうしました。

節 セツ （セチ） ふし 13画

節 節 節 節 節 節 節 節 節

管 カン くだ 14画

管 管 管 管 管 管 管 管 管

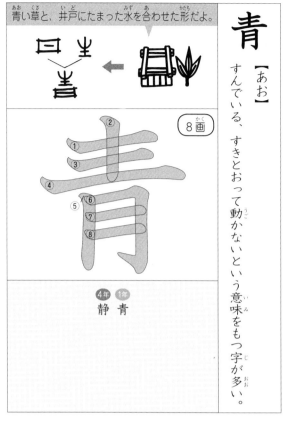

青

【あお】

すんでいる、すきとおって動かないという意味をもつ字が多い。

青い草と、井戸にたまった水を合わせた形だよ。

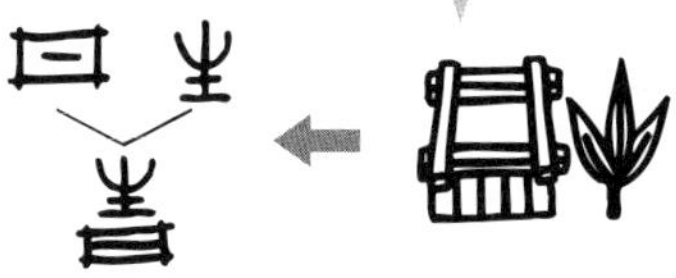

8画

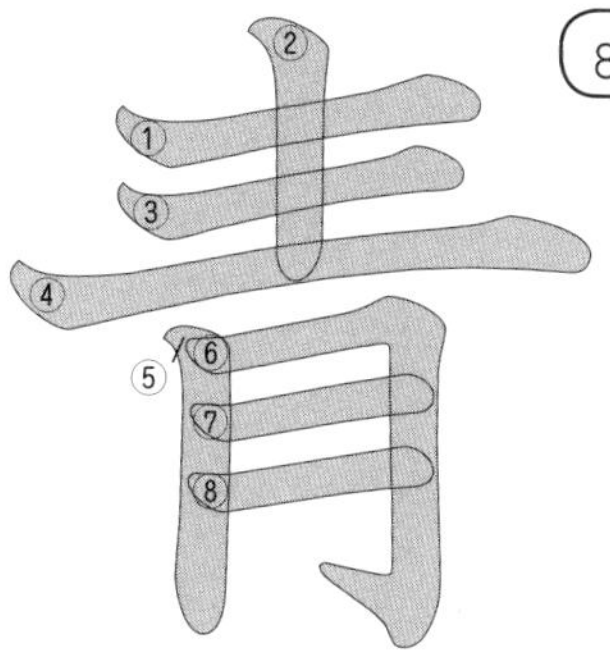

4年 静　1年 青

書き方

4年

ふだんはにぎやかな教室が、しんと静まり返っている。

静

セイ（ジョウ）
しず
しずか
しずまる
しずめる

静 静 静 静 静 静 静 静 静

14画

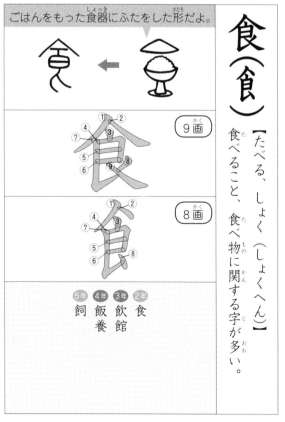

食（飠）

【たべる、しょく（しょくへん）】

食べること、食べ物に関する字が多い。

ごはんをもった食器にふたをした形だよ。

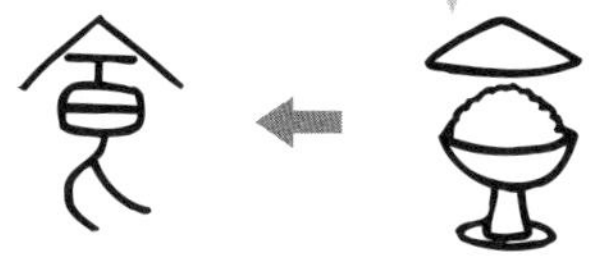

9画

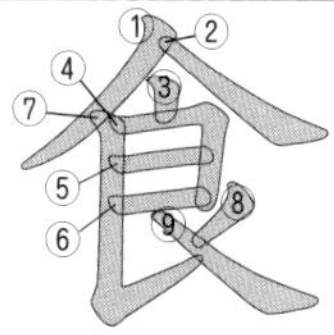

8画

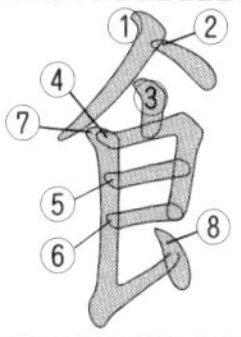

5年 飼　4年 飯 養　3年 飲 館　2年 食

書き方

3年

図書館の中で、飲食をしてはいけません。

館

カン
やかた

館 館 館 館 館 館 館 館 館

16画

飲

イン
のむ

飲 飲 飲 飲 飲 飲

12画

4年

麦飯は栄養があるので毎日食べるとよいでしょう。

飯

ハン
めし

飯 飯 飯 飯 飯 飯

12画

養

ヨウ
やしなう

養 養 養 養 養 養 養 養 養

15画

香

【か、かおり】

よい香りという意味の字が多い。

おいしそうなにおいのキビを口に入れた様子だよ。

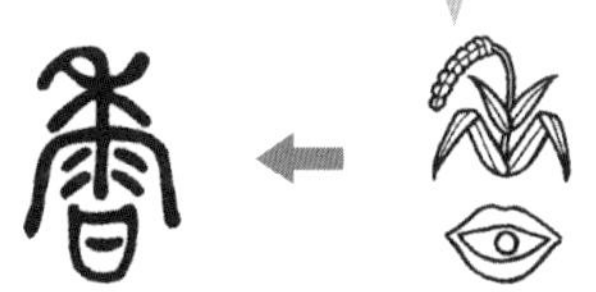

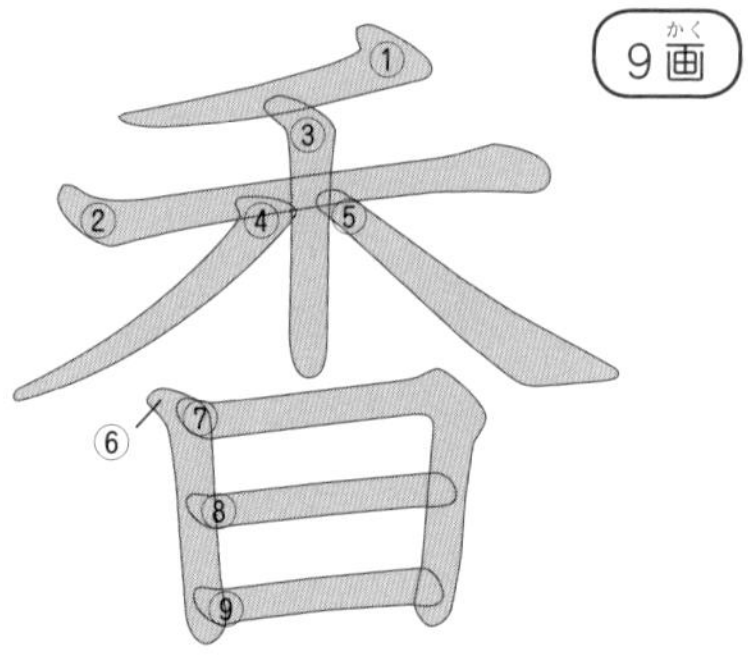

4年
香

書き方

4年

香川県に着くと、あちこちからうどんのつゆの香りがした。

香

(コウ)
(キョウ)
か—かおり
かおる

香 香 香 香 香 香 香 香 香

9画

生き物に関係のある部首

- 犬（犭） いぬ（けものへん）
- 牛（牛） うし（うしへん）
- 角 つの、つのへん
- 皮 けがわ
- 羽 はね
- 羊（⺶） ひつじ
- 隹 ふるとり
- 飛 とぶ
- 馬 うま、うまへん
- 鳥 とり
- 鹿 しか

動物 p.86

- 貝 かい、かいへん
- 虫 むし、むしへん
- 魚 うお、うおへん、さかな
- 辰 しんのたつ

虫や魚 p.92

動物がもとになった部首

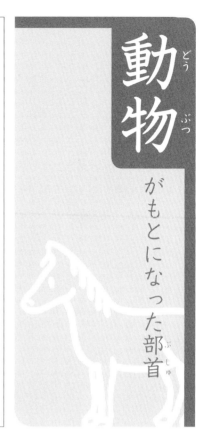

犬（犭）

【いぬ（けものへん）】
けものに関する字が多い。

犬の形だよ。

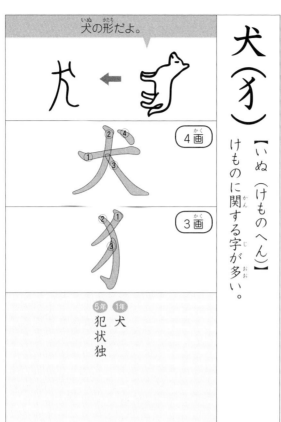

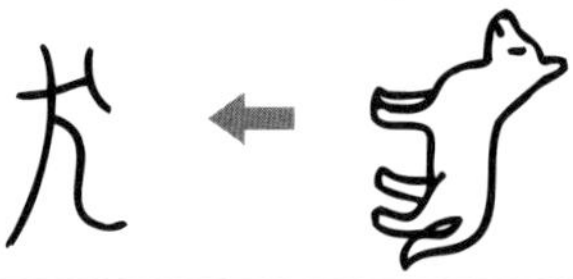

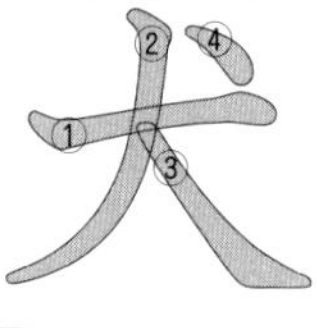

4画

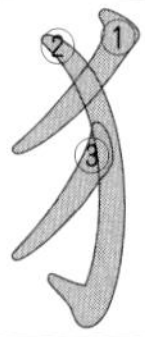

3画

1年 犬
5年 犯 状 独

牛（牜）

【うし（うしへん）】
牛や牛の種類、牛を使った作業などに関する字が多い。

牛の頭の形だよ。

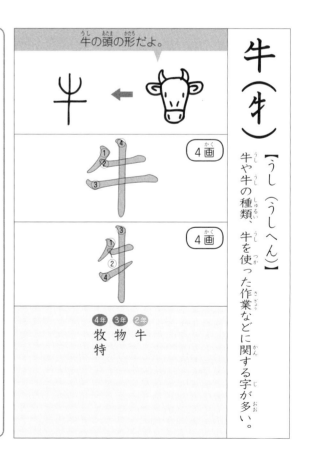

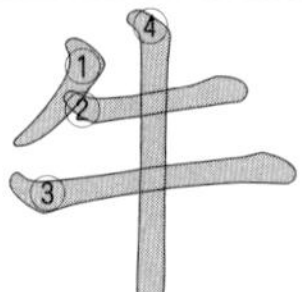

4画

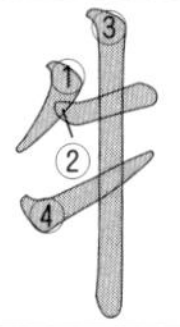

4画

2年 牛
3年 物
4年 牧 特

書き方

3年

物音がしたのでふり返って見ると、牛が一頭歩いてきました。

物 8画
ブツ
モツ
もの

物 物 物 物 物 物 物 物 物 物

4年

ここの牧場で作られるチーズは、特別においしい。

牧 ボク（まき）

牧 牧 牧 牧 牧 牧 牧 牧

8画

特 トク

特 特 特 特 特 特 特 特 特 特

10画

角

【つの、つのへん】

角の形や、角で作った物などに関する字が多い。

動物の角の形だよ。

7画

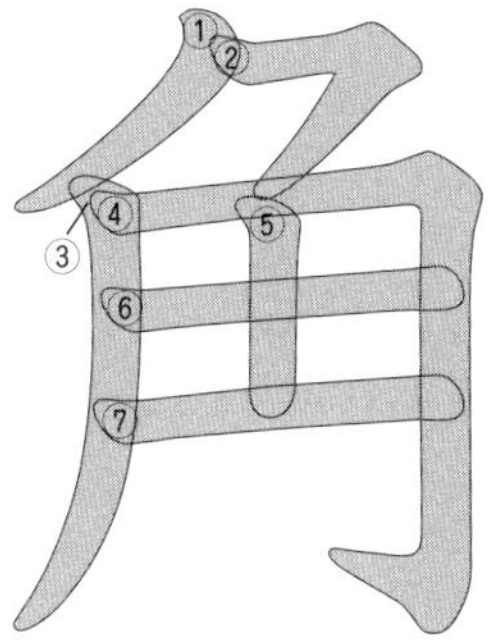

5年 解　2年 角

皮

【けがわ】

皮ふに関する字が多い。

動物の皮を手ではいでいる形だよ。

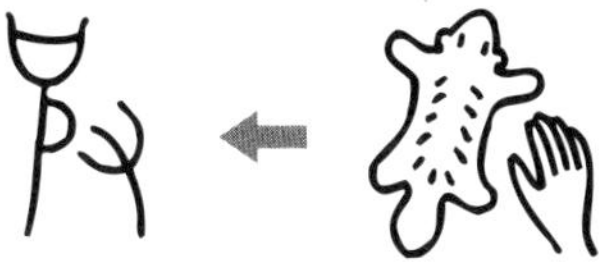

5画

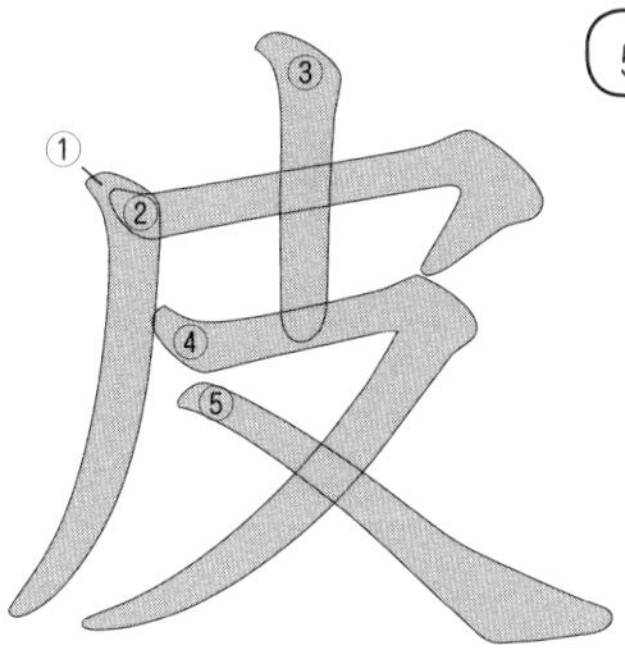

3年 皮

書き方

3年

皮ふ科の病院の先生が、毛皮のコートを着ています。

皮 ヒ かわ

皮 皮 皮 皮 皮

5画

羽【はね】

羽や飛ぶことに関する字が多い。

2まいの鳥の羽の形だよ。

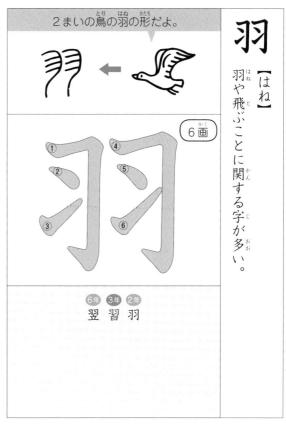

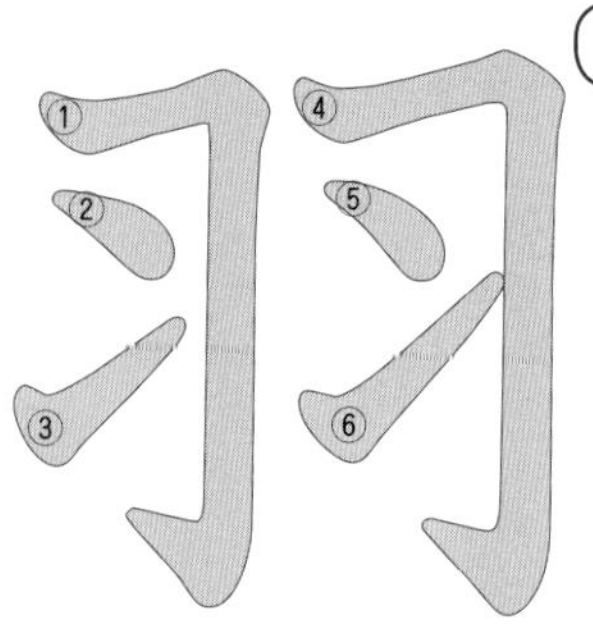

6画

6年 翌　3年 習　2年 羽

書き方

3年

ひなが羽を動かして、とぶ練習をしています。

習　シュウ　ならう

11画

羊（⺶）【ひつじ】

羊のすがたに関する字が多い。

羊の頭の形だよ。

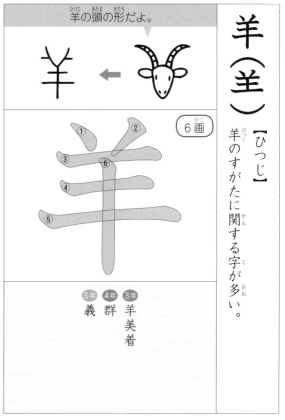

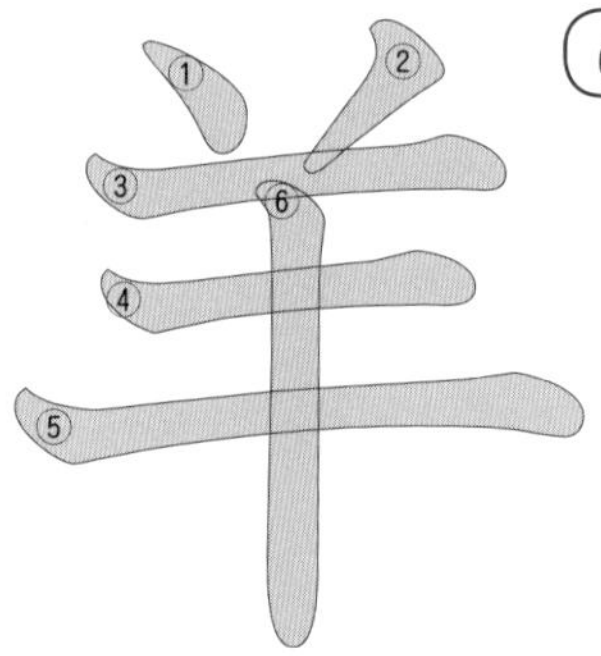

6画

5年 義　4年 群　3年 羊 美 着

書き方

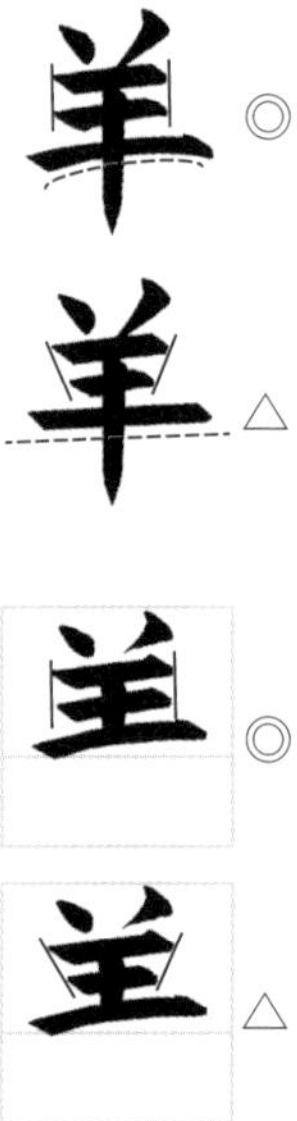

3年

この服は羊の毛でできていて、形が美しく着心地もよい。

羊　ヨウ　ひつじ

6画

美

ビ
うつくしい

9画(かく)

着

チャク
(ジャク)
きる　きせる
つく　つける

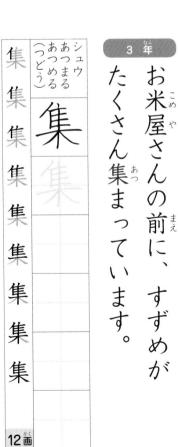

12画(かく)

4年(ねん)

群馬県(ぐんまけん)の動物園(どうぶつえん)では、羊(ひつじ)が群(むら)がっていて、ふれあうことができます。

群

グン
むれる
むれ
むら

13画(かく)

隹

【ふるとり】

鳥(とり)の種類(しゅるい)やじょうたいに関(かん)する字(じ)が多(おお)い。

おの短(みじか)い、太(ふと)った鳥(とり)の形(かたち)だよ。

8画(かく)

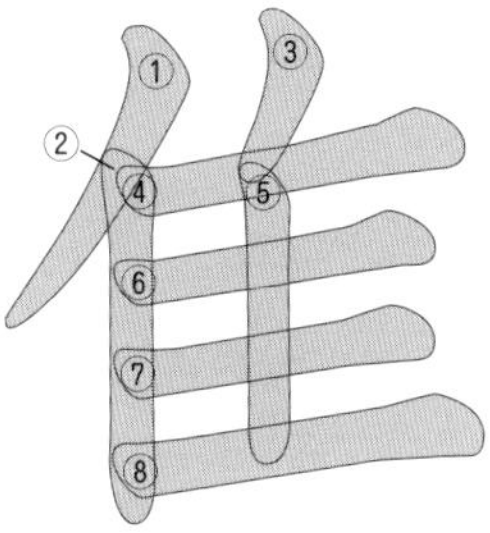

6年 難　5年 雑　3年 集

書(か)き方(かた)

隹 ◎

隹 △

3年(ねん)

お米屋(こめや)さんの前(まえ)に、すずめがたくさん集(あつ)まっています。

集

シュウ
あつまる
あつめる
(つどう)

12画(かく)

飛

【とぶ】
飛ぶという意味の部首。

鳥が羽を広げて飛ぶ様子だよ。

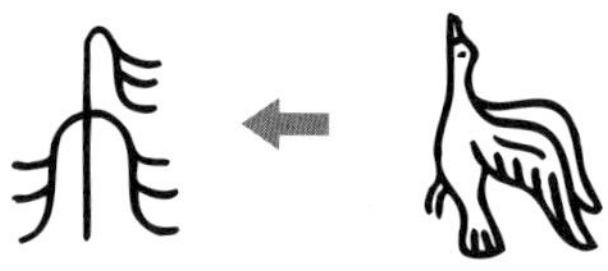

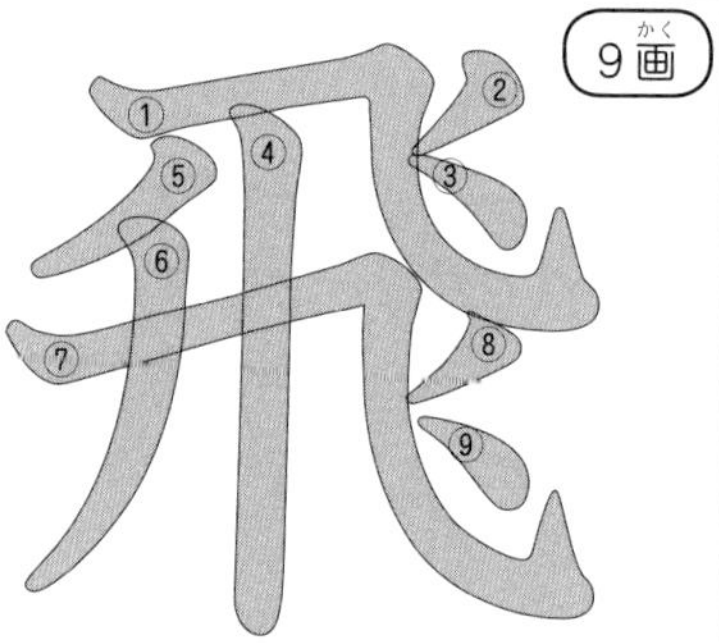

4年
飛

書き方

4年

飛行機のパイロットになって、世界中の空を自由に飛びまわりたい。

ヒ
とぶ
とばす

飛 飛 飛 飛 飛 飛 飛 飛 飛

9画

馬

【うま、うまへん】
乗り物、馬の動作に関する字が多い。

馬の形だよ。

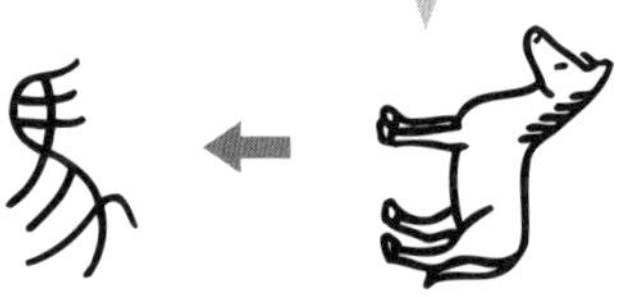

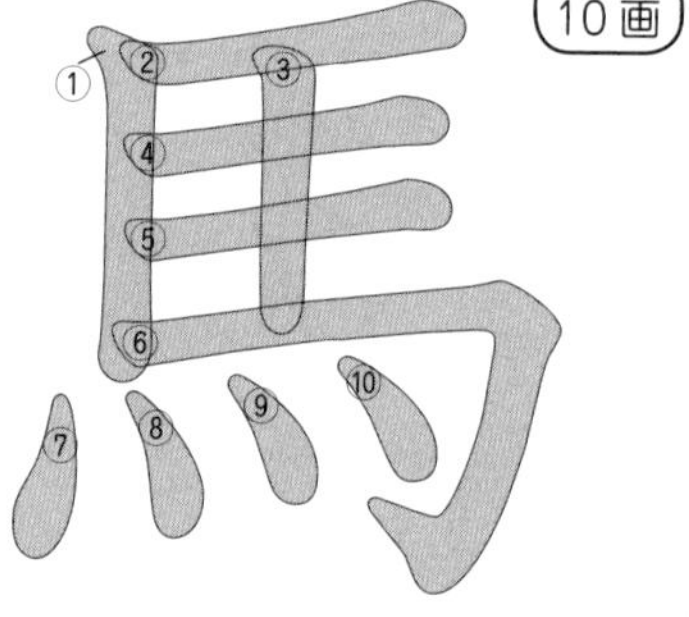

4年 3年 2年
験 駅 馬

書き方

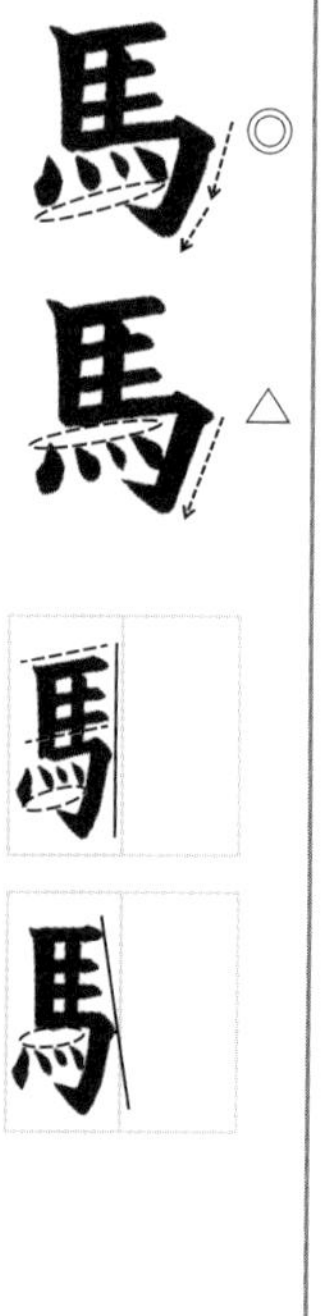

3年

駅のそばに、馬に乗ることができるぼく場があります。

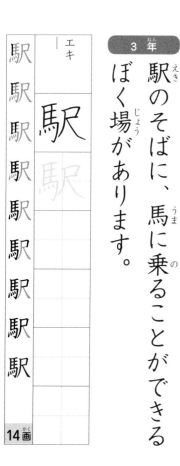

エキ

駅 駅 駅 駅 駅 駅 駅 駅 駅

14画

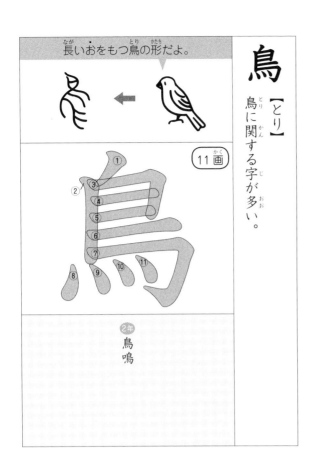

4年

兄は、乗馬の試験にチャレンジします。

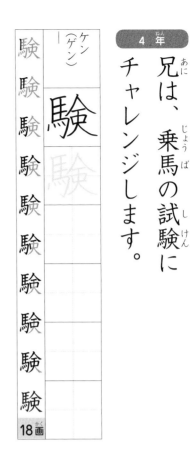

ケン（ゲン）

験

18画

鳥

【とり】鳥に関する字が多い。

長いおをもつ鳥の形だよ。

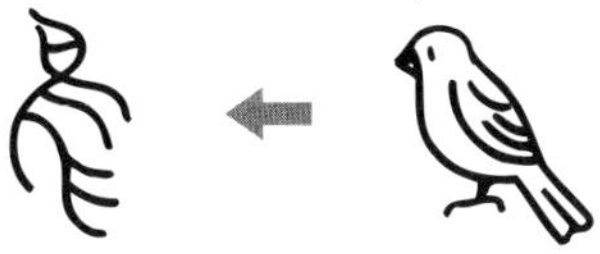

11画

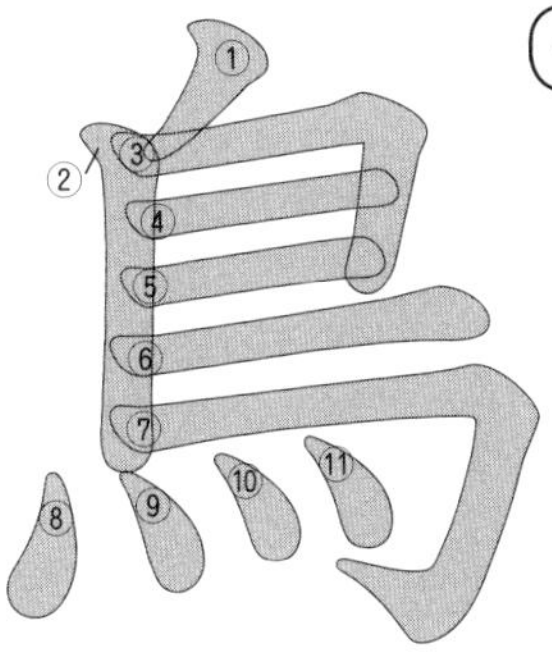

2年 鳥 鳴

鹿

【しか】鹿や、鹿ににた動物に関する字が多い。

鹿の形だよ。

11画

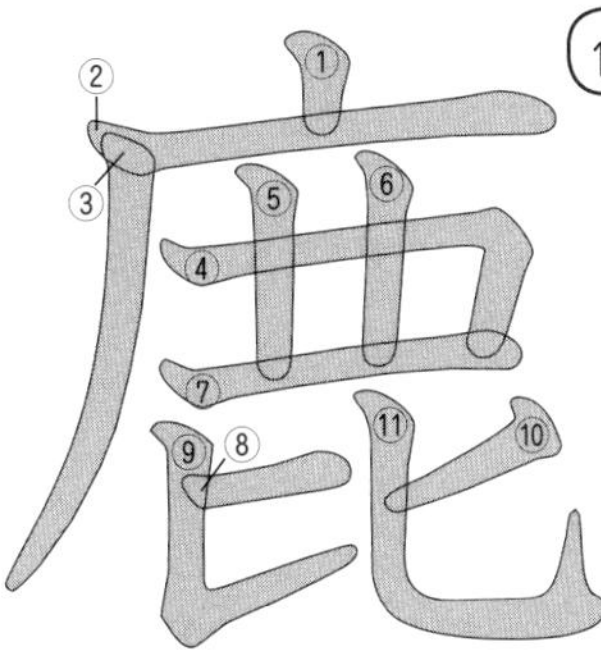

4年 鹿

書き方

◎ △

4年

鹿児島県には、ヤクシカとよばれるやや小がたの鹿がいます。

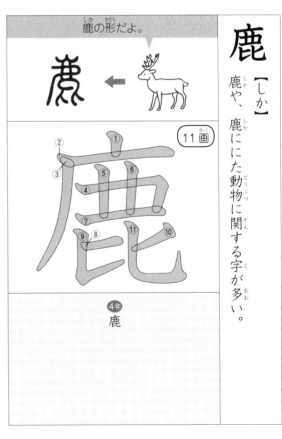

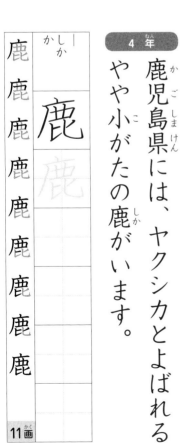

かしか

鹿

11画

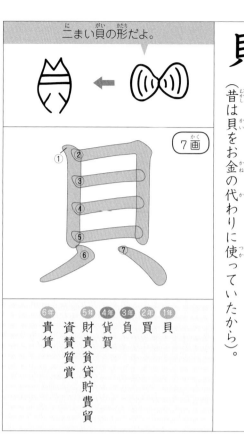

虫や魚がもとになった部首

貝

【かい、かいへん】お金やざい産、商売に関する字が多い（昔は貝をお金の代わりに使っていたから）。

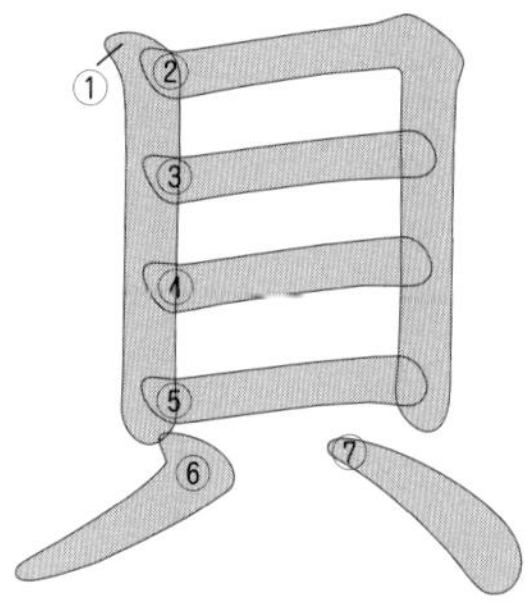

1年	2年	3年	4年	5年	6年
貝	買	負	貨 賀	財 責 貧 貸 貯 費 貿 資 賛 質 賞	貴 賃

書き方

貝 ◎

貝 △

3年

どちらが多く貝をほることができるか勝負したが、負けました。

負　フ　まける　まかす　おう　9画

負 負 負 負 負 負 負 負 負

4年

佐賀県の名産品を貨物船で海外に売り出します。

賀　ガ　12画

賀 賀 賀 賀 賀 賀

貨　カ　11画

貨 貨 貨 貨 貨

虫

【むし、むしへん】

こん虫やカエル、ヘビなどの小動物に関する字が多い。

細長い虫が体をくねらせているすがただよ。

6画

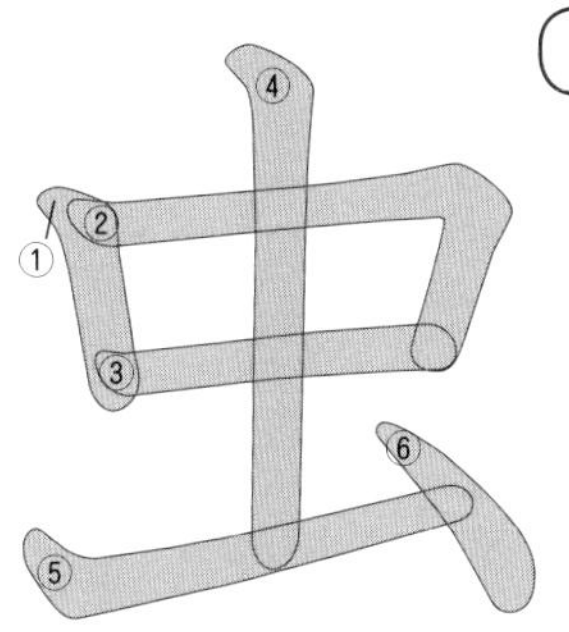

6年 蚕　1年 虫

魚

【うお、うおへん、さかな】

いろいろな魚や、水にすむ動物の名前を表す字が多い。

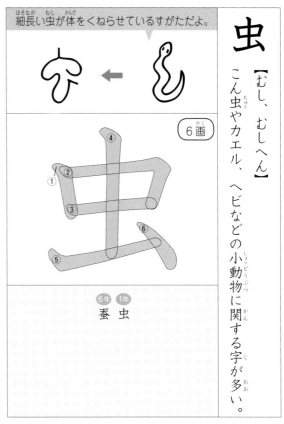

魚の形だよ。

11画

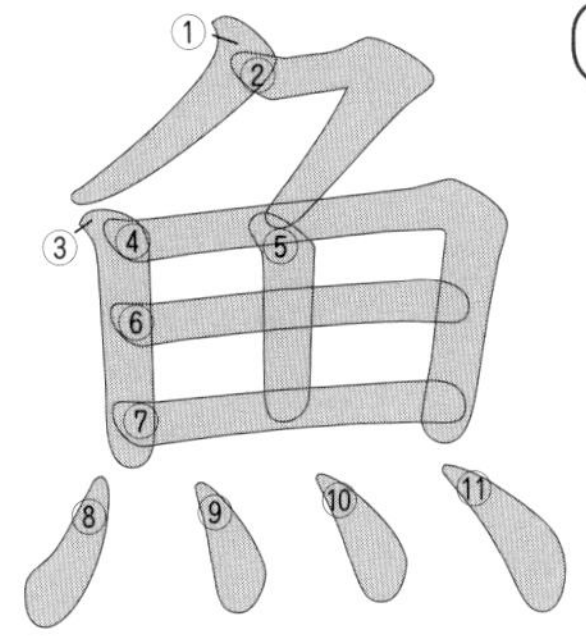

2年 魚

辰

【しんのたつ】

土などをやわらかくすることに関する字が多い。

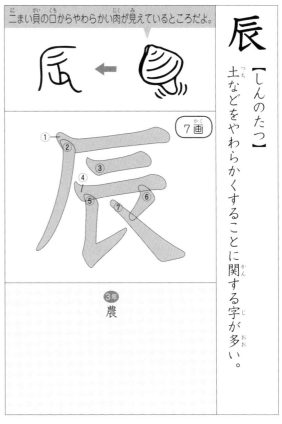

二まい貝の口からやわらかい肉が見えているところだよ。

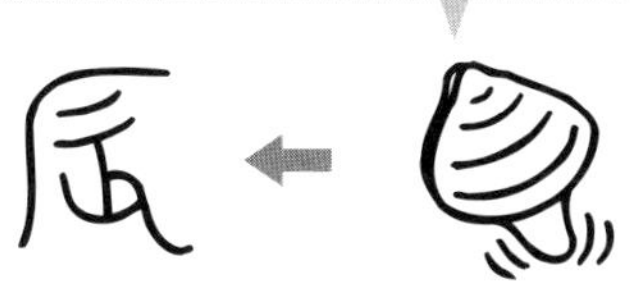

7画

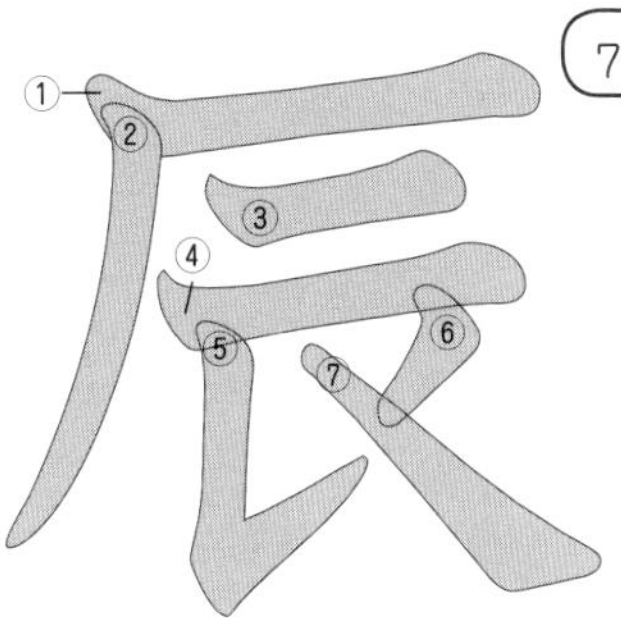

3年 農

書き方

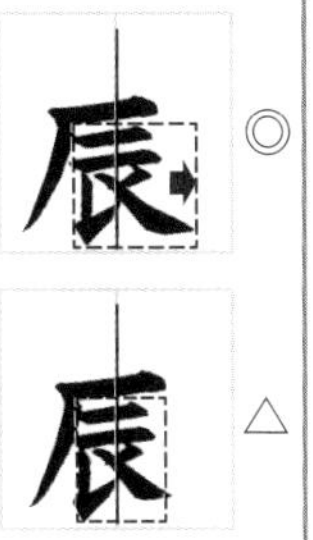

3年

畑でとれた農作物と、自分でとった貝を使ってごちそうを作ります。

農　ノウ

農 農 農 農 農 農 農 農

13画

道具(どうぐ)に関係(かんけい)のある部首(ぶしゅ)

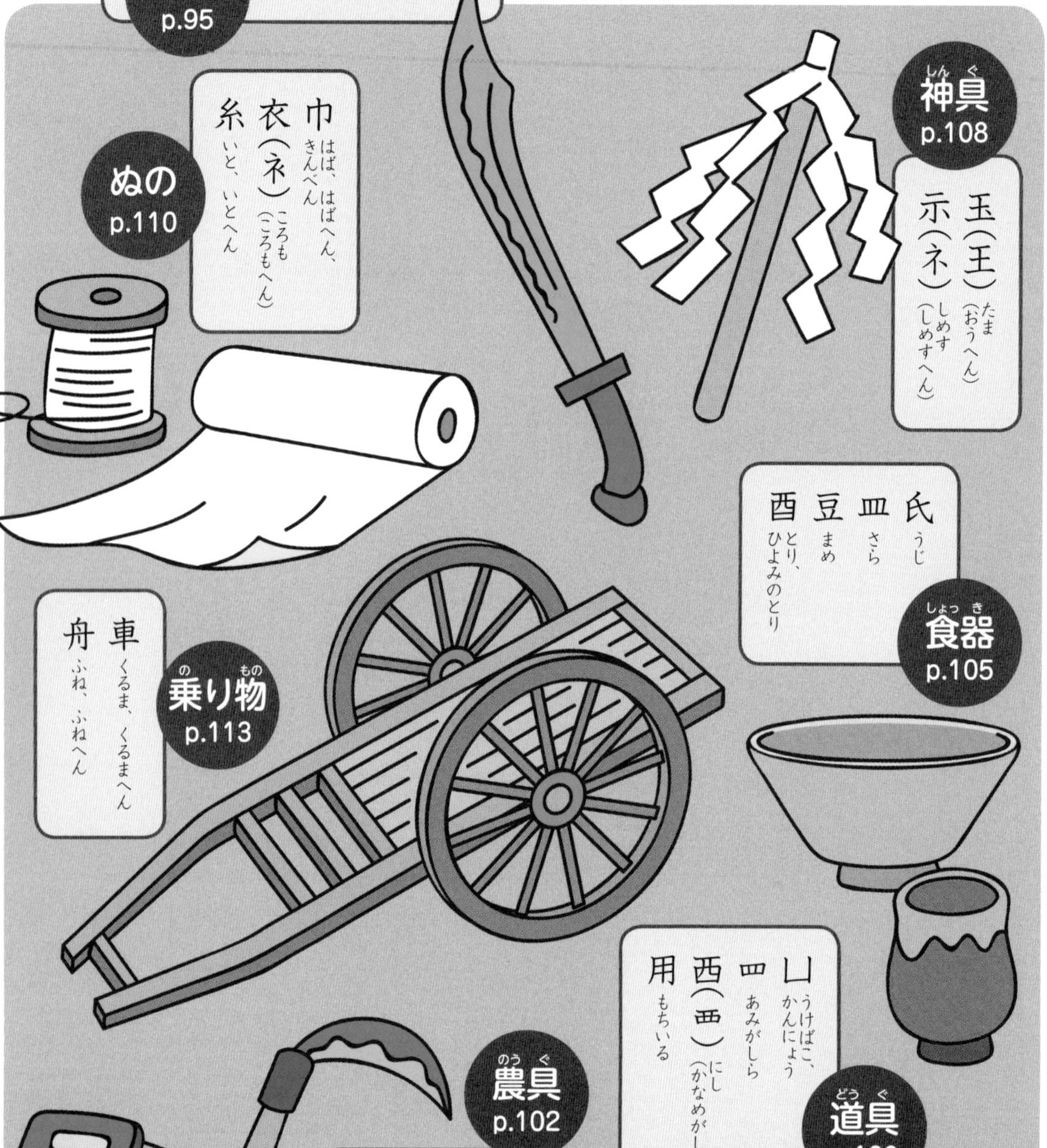

ぶ器(き) p.95

- 刀（刂） かたな（りっとう）
- 弓 ゆみ、ゆみへん
- 干 かん、いちじゅう
- 方 ほう、かたへん、ほうへん
- 戈 ほこがまえ、ほこづくり
- 黄 き
- 矢 や、やへん
- 辛 からい

神具(しんぐ) p.108

- 玉（王） たま（おうへん）
- 示（ネ） しめす（しめすへん）

ぬの p.110

- 巾 はば、はばへん、きんべん
- 衣（衤） ころも（ころもへん）
- 糸 いと、いとへん

食器(しょっき) p.105

- 氏 うじ
- 皿 さら
- 豆 まめ
- 酉 とり、ひよみのとり

乗(の)り物(もの) p.113

- 車 くるま、くるまへん
- 舟 ふね、ふねへん

道具(どうぐ) p.100

- 凵 うけばこ、かんにょう
- 罒 あみがしら
- 西（覀） にし（かなめがしら）
- 用 もちいる

農具(のうぐ) p.102

- 厶 む
- 工 たくみ、たくみへん
- 弋 しきがまえ
- 斗 とます
- 斤 おのづくり、きん

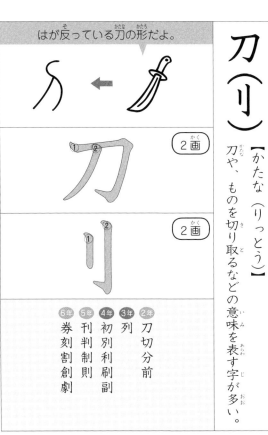

ぶ器がもとになった部首

刀（刂）

【かたな（りっとう）】
刀や、ものを切り取るなどの意味を表す字が多い。

はが反っている刀の形だよ。

刀 2画

刂 2画

2年	3年	4年	5年	6年
刀切分前	列	初別利刷副	刊判制則	券刻割創劇

書き方

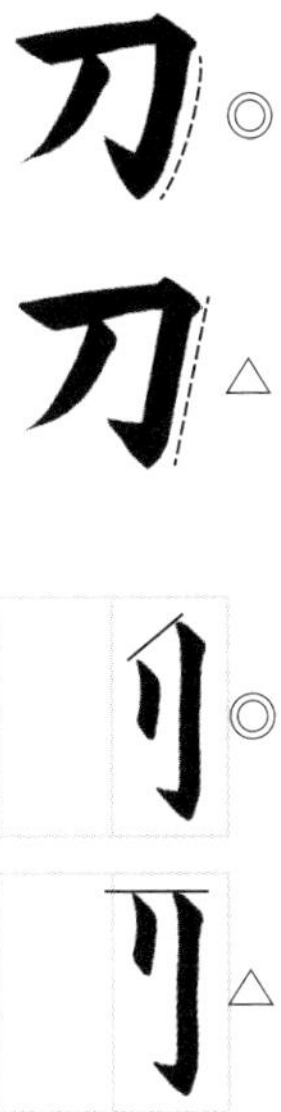

3年

ピザを切り売りするお店の前に、行列ができています。

列 レツ 6画

列 列 列 列 列 列

4年

カレーは最初に肉をいためて、別に切り分けた野菜を入れます。

初 ショ はじめ はじめて はつ―(うい) (そめる) 7画

初 初 初 初 初 初 初

別 ベツ わかれる 7画

別 別 別 別 別 別 別

4年

副会長は印刷した投票用紙を、カッターを利用して切り分けました。

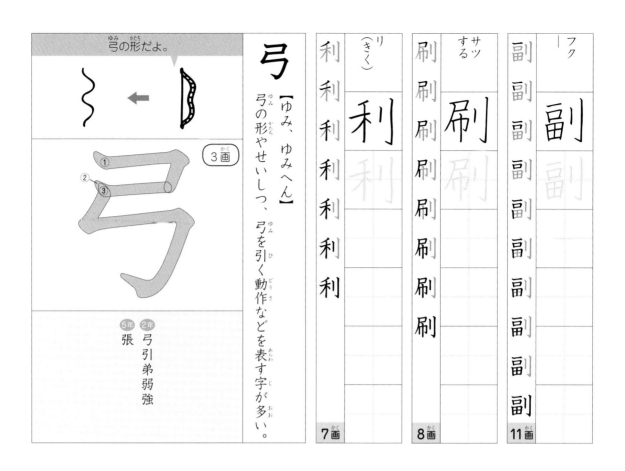

副
フク
11画
副 副 副 副 副 副 副 副 副 副 副

刷
サツ
する
8画
刷 刷 刷 刷 刷 刷 刷 刷

利
リ
（きく）
7画
利 利 利 利 利 利 利

弓

【ゆみ、ゆみへん】

弓の形やせいしつ、弓を引く動作などを表す字が多い。

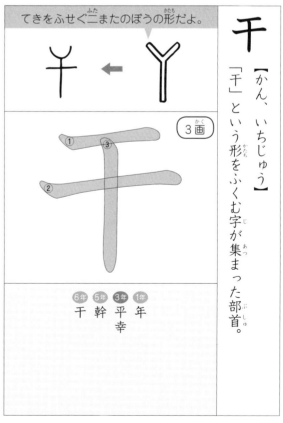

弓の形だよ。

3画

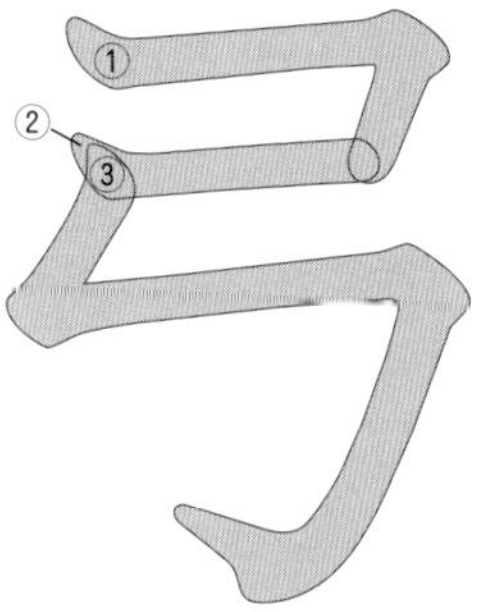

5年 張
2年 弓 引 弟 弱 強

干

【かん、いちじゅう】

「干」という形をふくむ字が集まった部首。

てきをふせぐ二またのぼうの形だよ。

3画

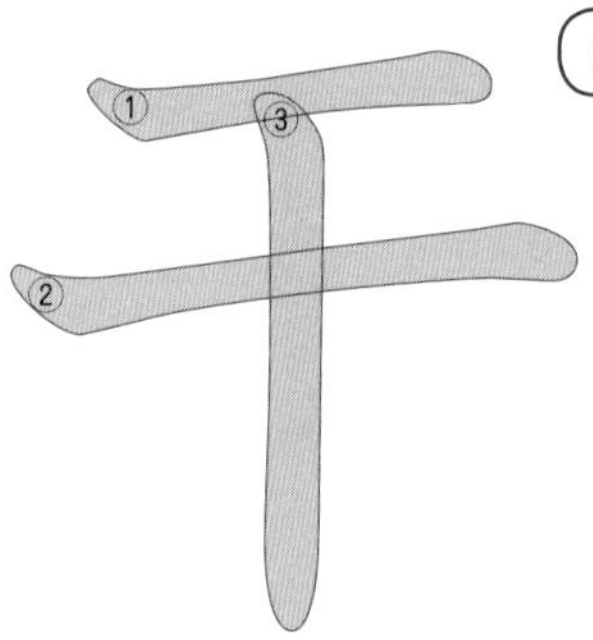

6年 干
5年 幹
3年 平 幸
1年 年

書き方

3年

交通事こをふせぎ、みんなの幸福と平和をいのります。

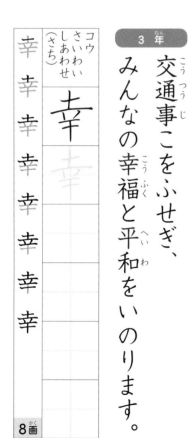

幸
コウ
さいわい
しあわせ
（さち）
8画
幸 幸 幸 幸 幸 幸 幸 幸

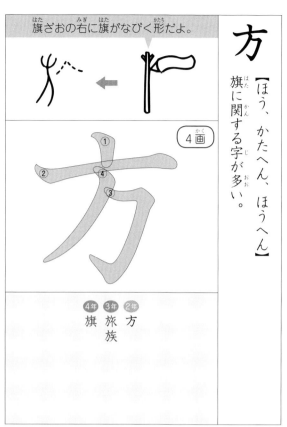

平

ヘイ
ビョウ
たいら
ひら

5画

方

【ほう、かたへん、ほうへん】

旗に関する字が多い。

旗ざおの右に旗がなびく形だよ。

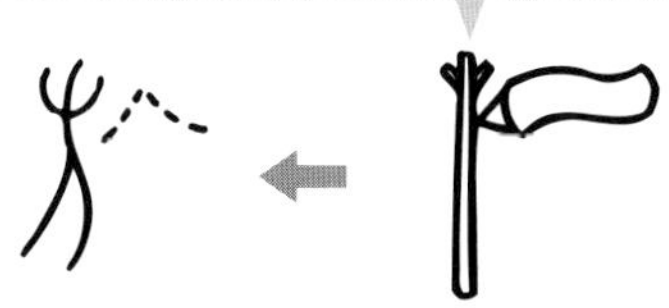

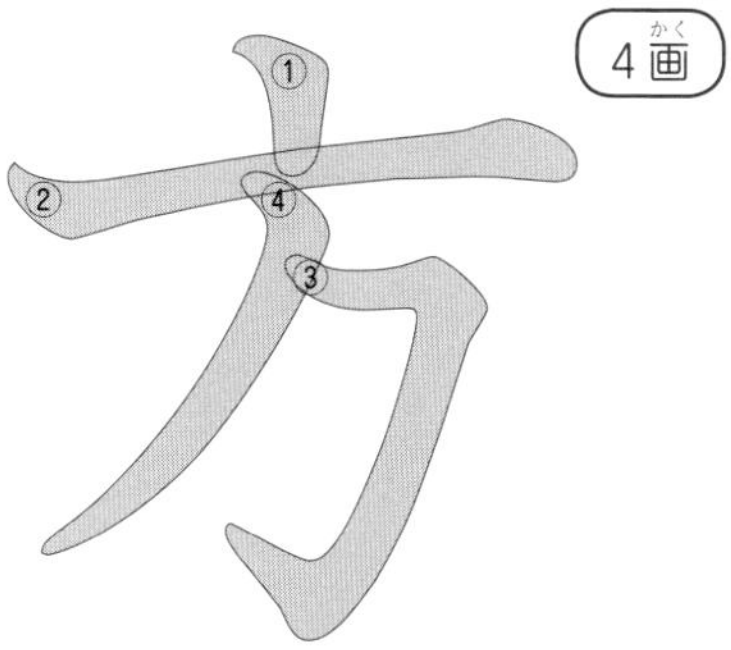

4年 旗
3年 旅 族
2年 方

書き方

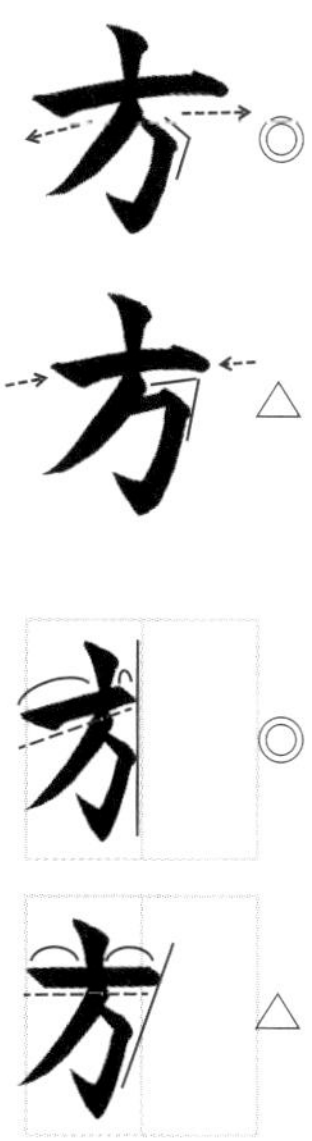

3年

今年の家族旅行は、四国方面に出かけます。

族
ゾク
11画

旅
リョ
たび
10画

4年

学校の旗をかかげた旗手を先頭に、入場行進します。

旗
キ
はた
14画

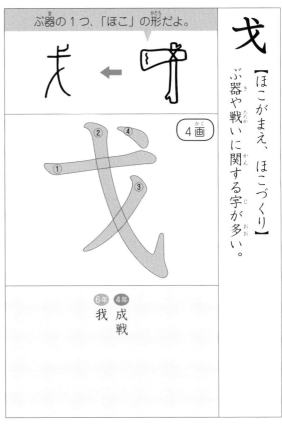

戈

【ほこがまえ、ほこづくり】

ぶ器や戦いに関する字が多い。

ぶ器の１つ、「ほこ」の形だよ。

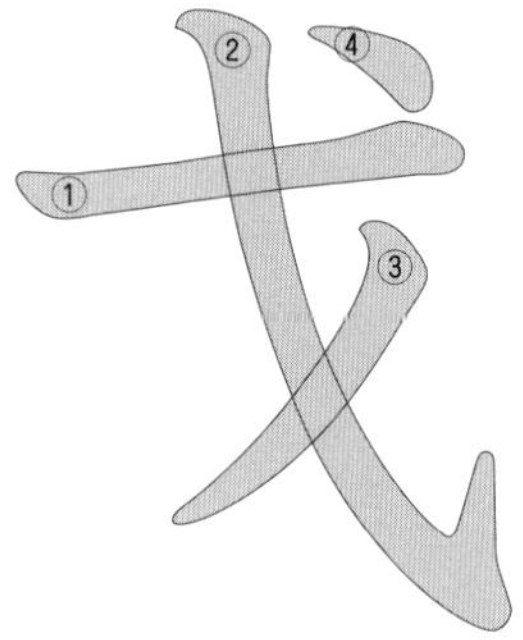

4画

6年 我

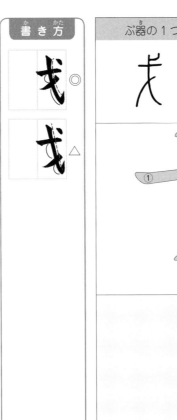

4年 成 戦

書き方

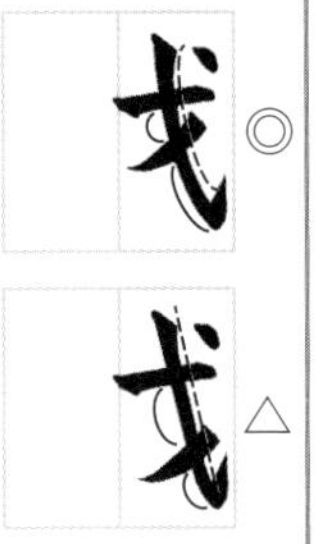

4年

運動会のリレーでは、作戦が成功してみごとに勝利した。

戦

セン
たたかう
（いくさ）

戦 戦 戦 戦 戦 戦 戦 戦 戦 戦

13画

成

セイ
（ジョウ）
なる
なす

成 成 成 成 成 成

6画

黄

【き】

もえる火の色を表し、黄色という意味の字をつくる部首。

火のついた矢の形だよ。

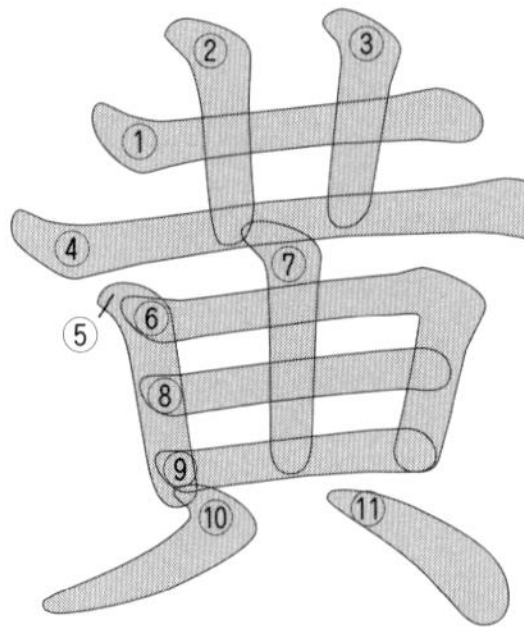

11画

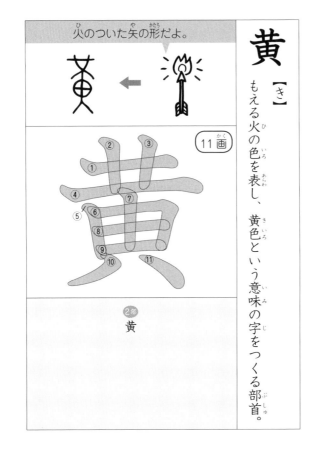

2年 黄

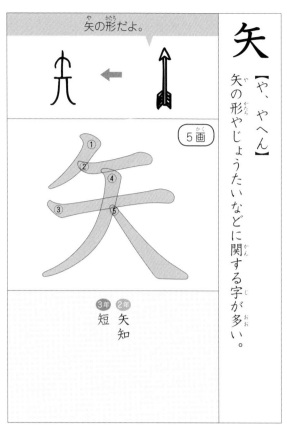

矢【や、やへん】

矢の形やじょうたいなどに関する字が多い。

矢の形だよ。

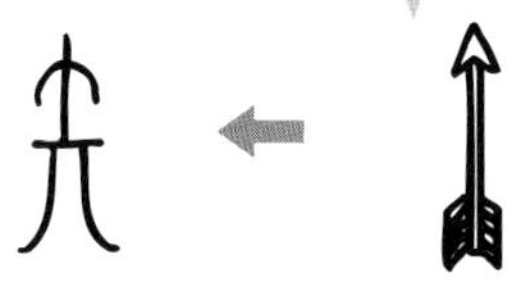

5画

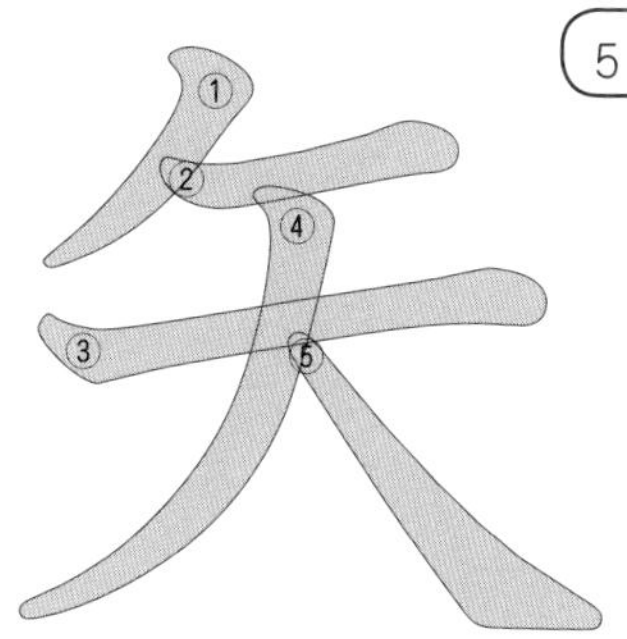

3年 短　2年 矢 知

書き方

矢 ◎　矢 △　矢 ◎　矢 △

3年

矢じるしの方向に行けば、短時間で着くことができます。

短　タン　みじかい

短 短 短 短 短 短 短 短

12画

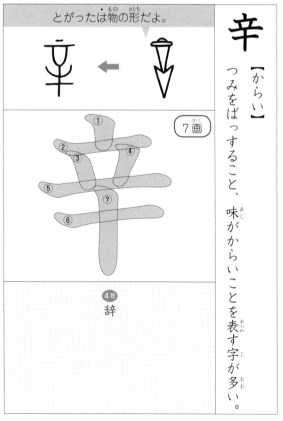

辛【からい】

つみをばっすること、味がからいことを表す字が多い。

とがったは物の形だよ。

7画

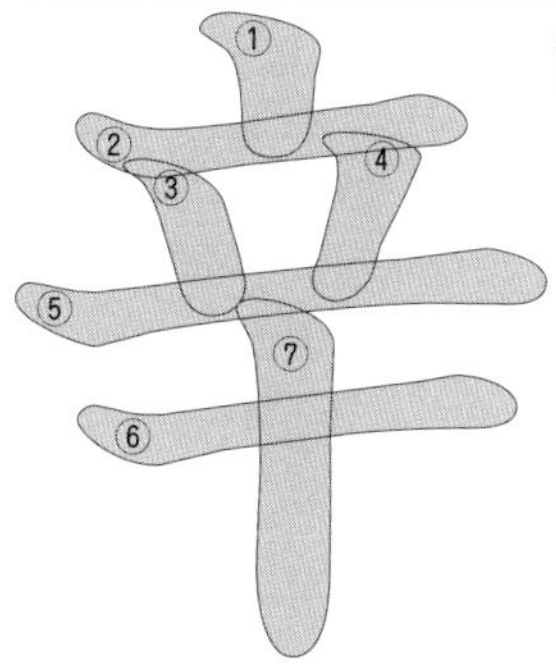

4年 辞

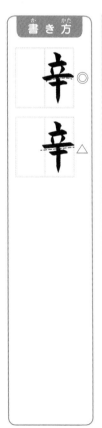

書き方

辛 ◎　辛 △

4年

国語辞典のページが、はさみで切りとられていた。

辞　ジ　（やめる）

辞 辞 辞 辞 辞 辞 辞 辞

13画

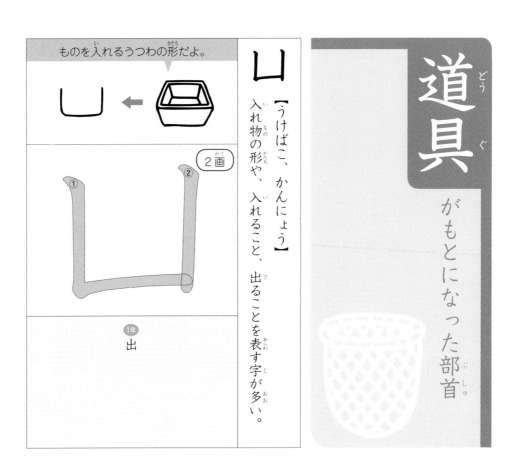

道具がもとになった部首

凵

【うけばこ、かんにょう】入れ物の形や、入れること、出ることを表す字が多い。

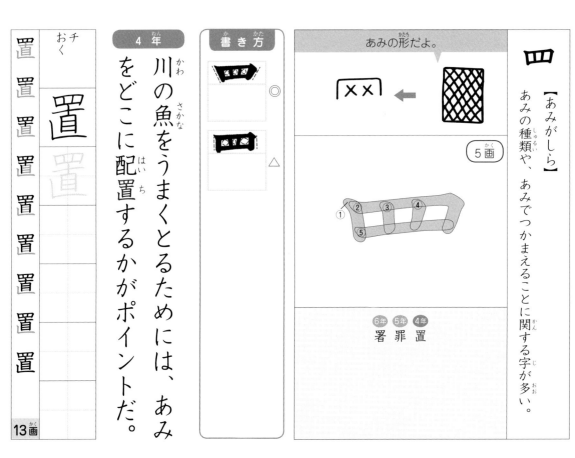

ものを入れるうつわの形だよ。

2画

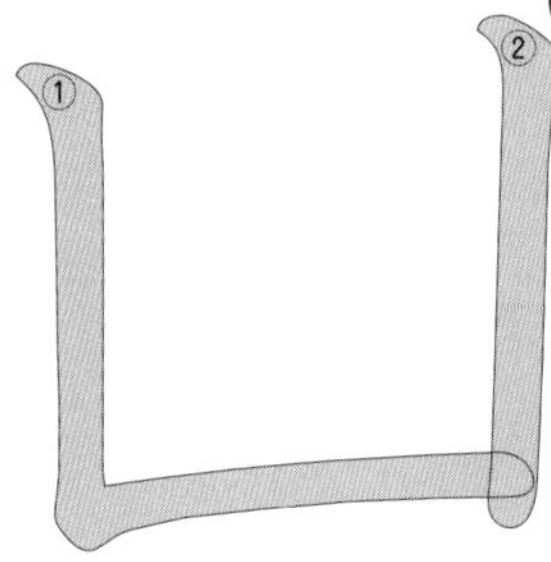

1年 出

罒

【あみがしら】あみの種類や、あみでつかまえることに関する字が多い。

あみの形だよ。

5画

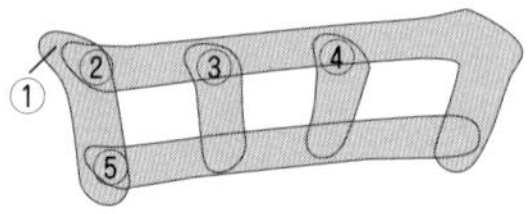

6年 署　5年 罪　4年 置

書き方

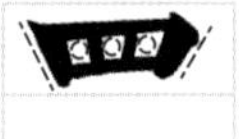

◎

△

4年

川の魚をうまくとるためには、あみをどこに配置するかがポイントだ。

置　チ　おく

13画

置 置 置 置 置 置 置 置 置

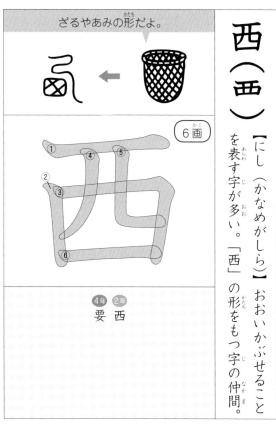

西（襾）

【にし（かなめがしら）】おおいかぶせることを表す字が多い。「西」の形をもつ字の仲間。

ざるやあみの形だよ。

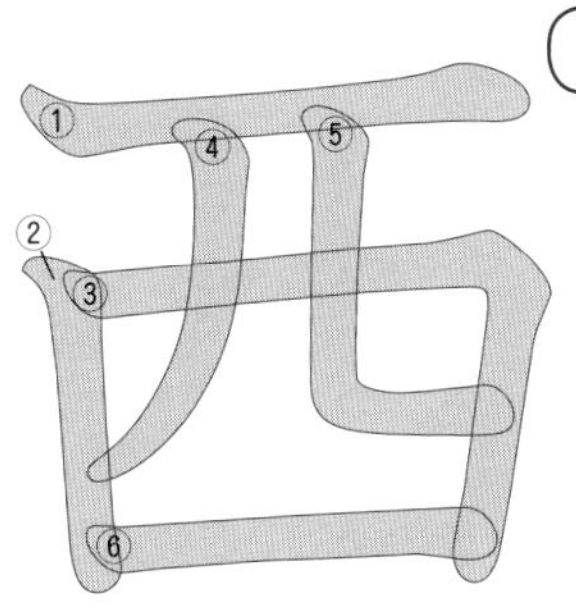

4年 要　2年 西

書き方

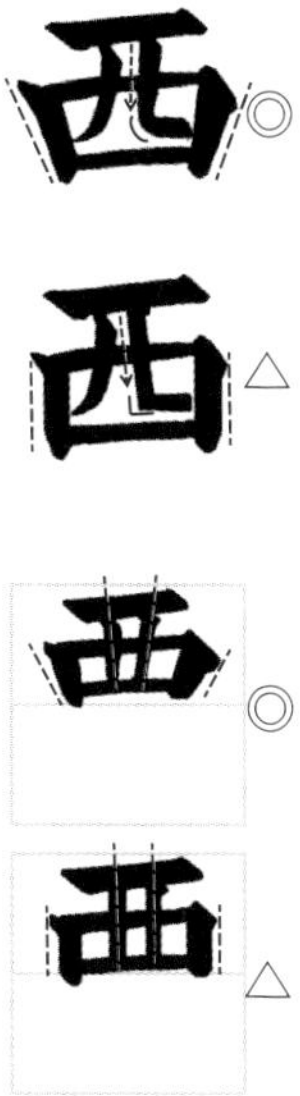

4年

テントや魚のあみなど、キャンプに必要な道具をそろえる。

要

ヨウ
かなめ
（いる）

9画

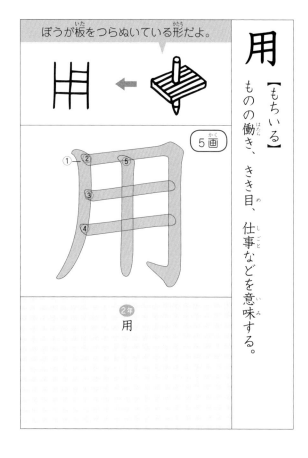

用

【もちいる】ものの働き、きき目、仕事などを意味する。

ぼうが板をつらぬいている形だよ。

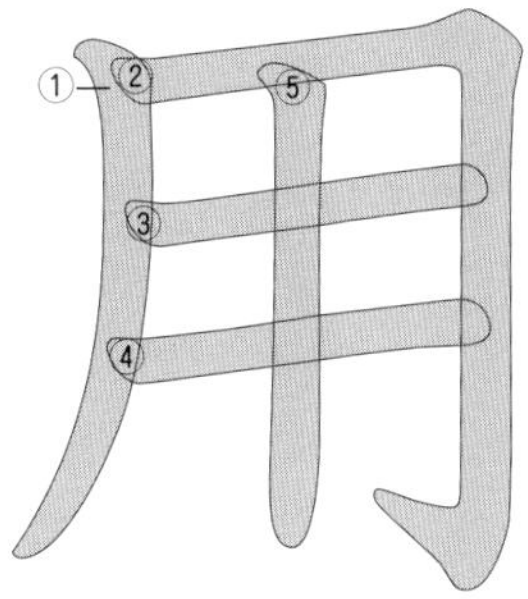

2年 用

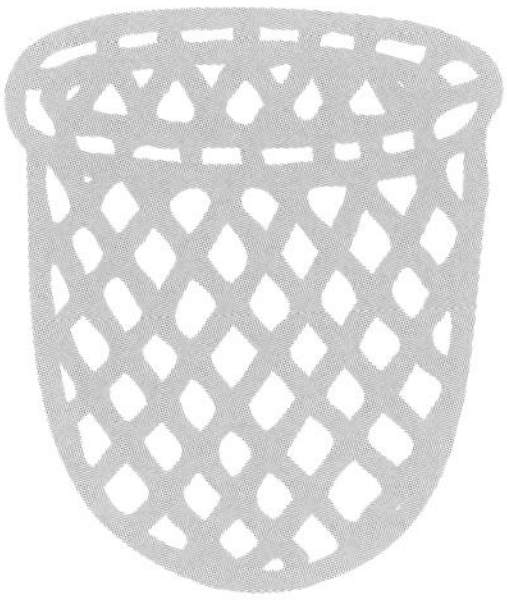

農具がもとになった部首

ム【む】

「ム」という形をふくむ漢字が集まった部首。

田をたがやす「すき」の形だよ。

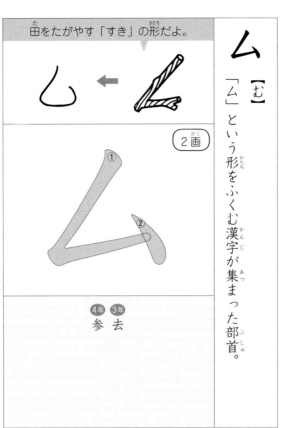

2画

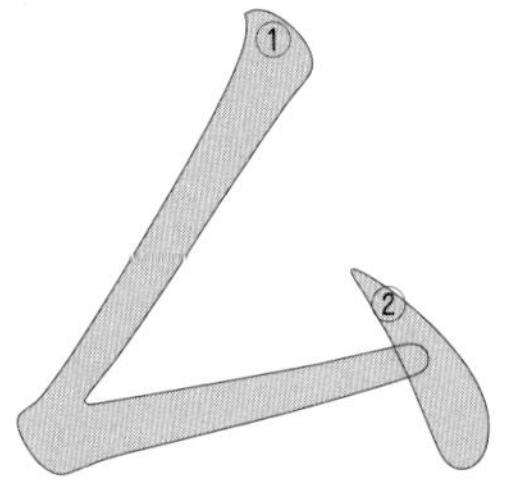

4年 参　3年 去

書き方

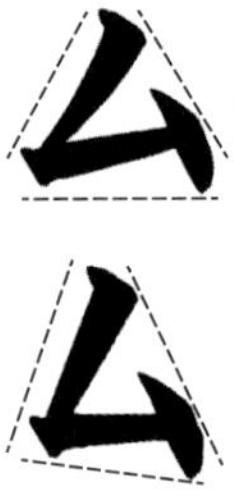

◎ △

3年

去年から、米作りにちょうせんしています。

去　キョ　コ　さる

去 去 去 去 去

5画

4年

のどじまん大会に自分から参加しました。

参　サン　まいる

参 参 参 参 参 参 参 参

8画

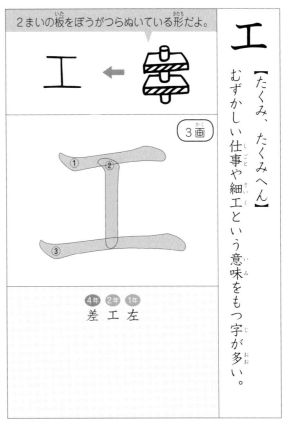

工 【たくみ、たくみへん】

むずかしい仕事や細工という意味をもつ字が多い。

2まいの板をぼうがつらぬいている形だよ。

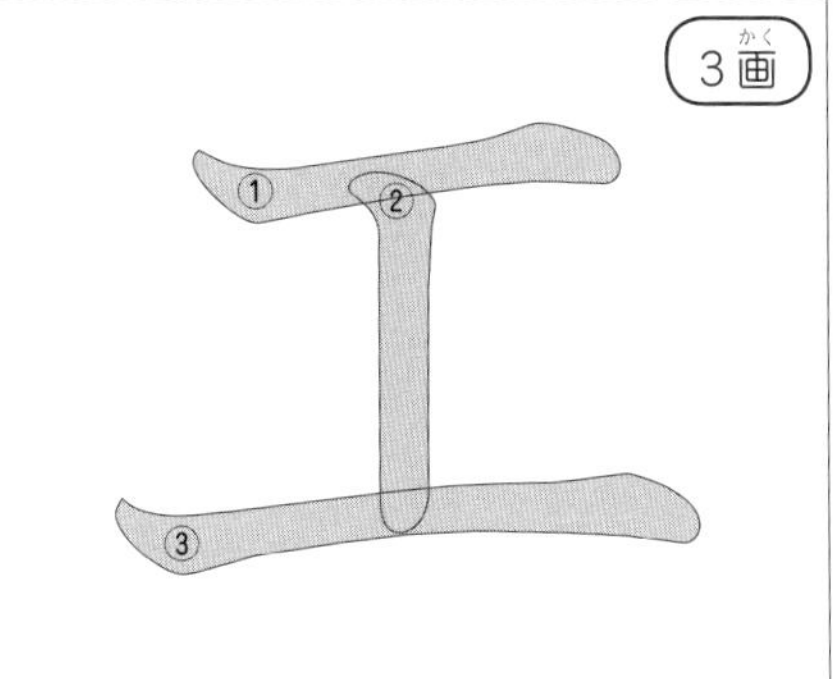

4年 差　2年 工　1年 左

書き方

4年

同じ時期に弟子入りした二人だが、大工としてのうでまえには差がある。

差　サ　さす　10画

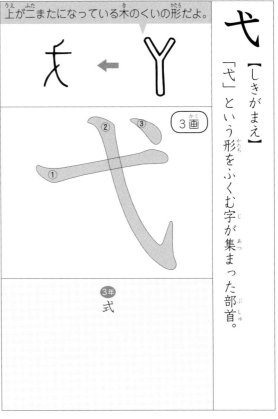

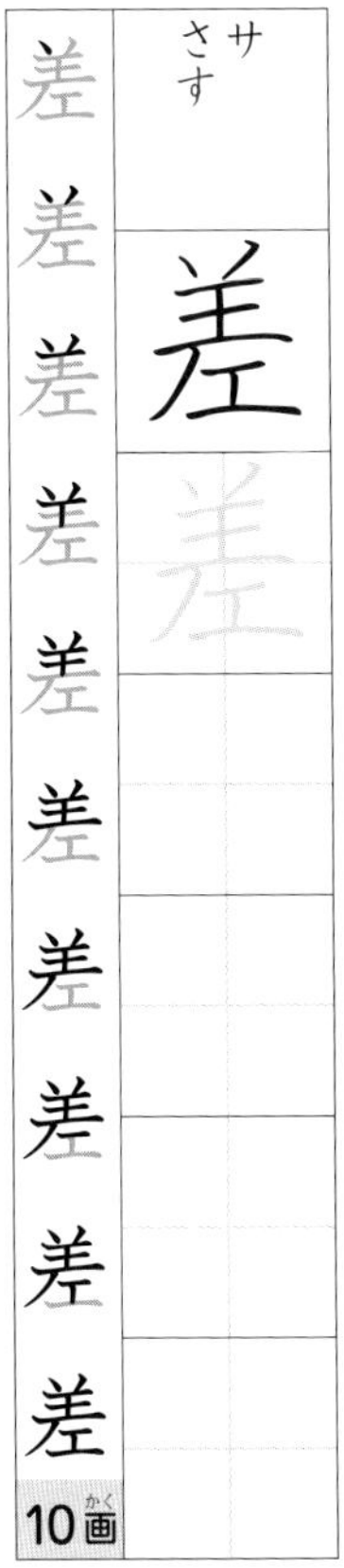

弋 【しきがまえ】

「弋」という形をふくむ字が集まった部首。

上が二またになっている木のくいの形だよ。

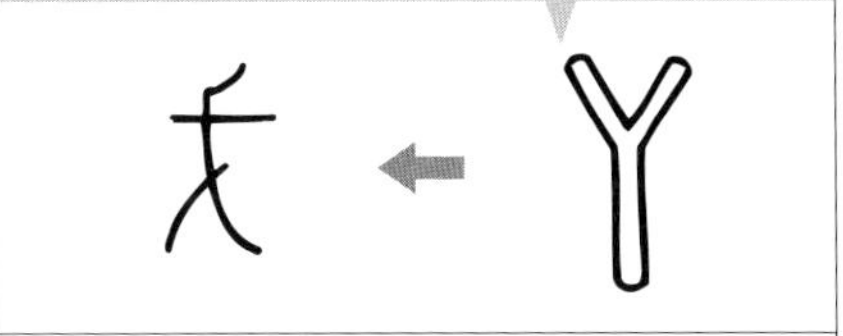

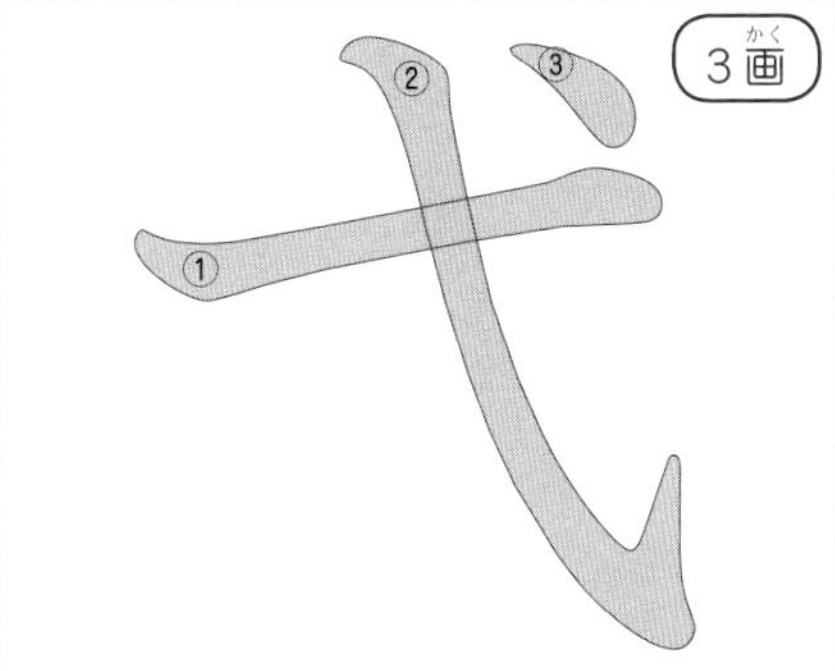

3年 式

書き方

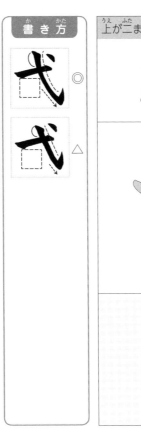

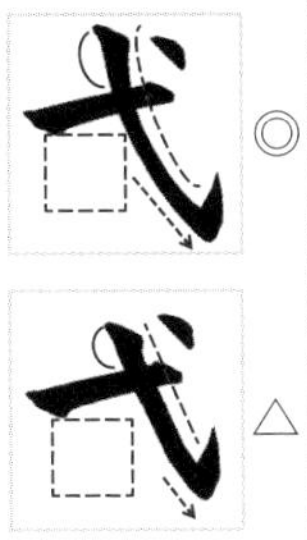

3年

入学式のかん板を立てて、くいに取りつけました。

式　シキ　6画

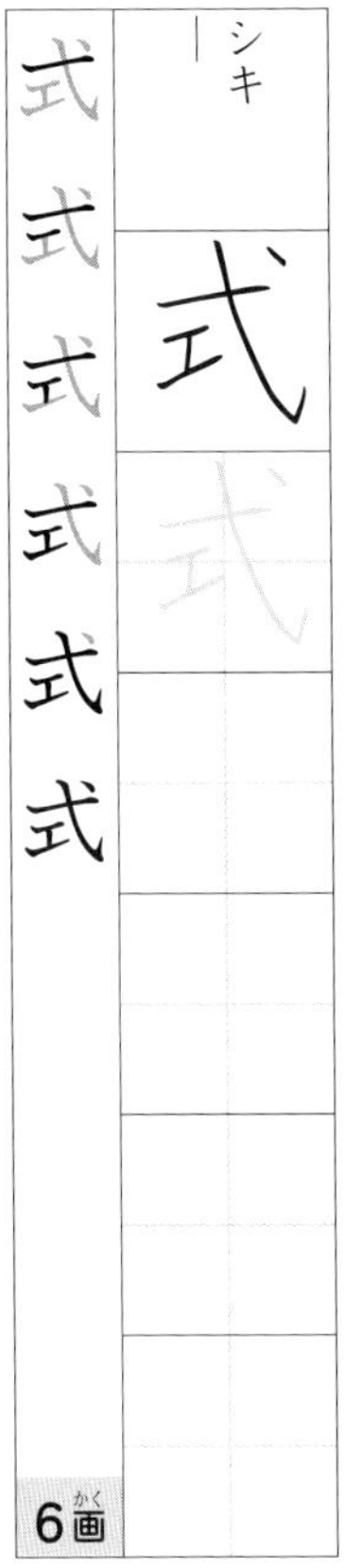

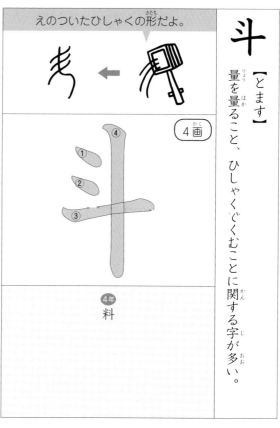

斗【とます】

量を量ること、ひしゃくでくむことに関する字が多い。

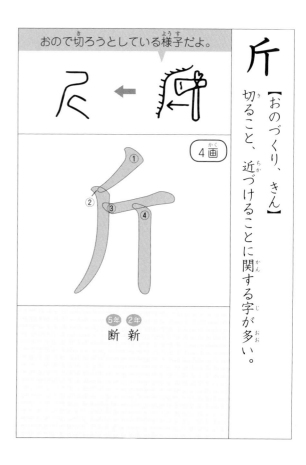

えのついたひしゃくの形だよ。

4画

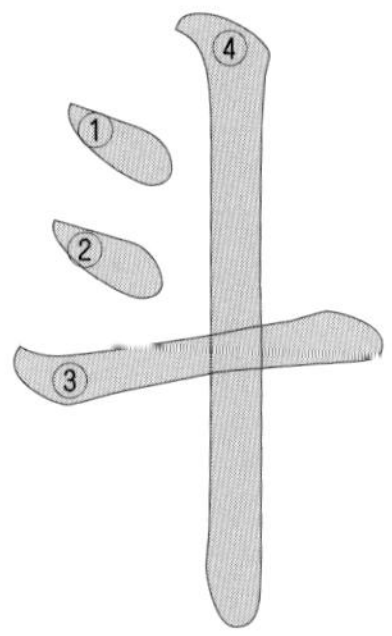

4年 料

書き方

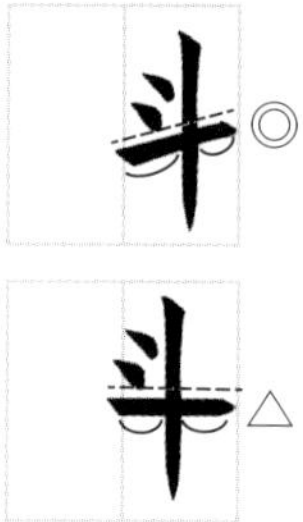

4年

料理の前に、材料の重さを量ります。

リョウ

料

10画

斤【おのづくり、きん】

切ること、近づけることに関する字が多い。

おので切ろうとしている様子だよ。

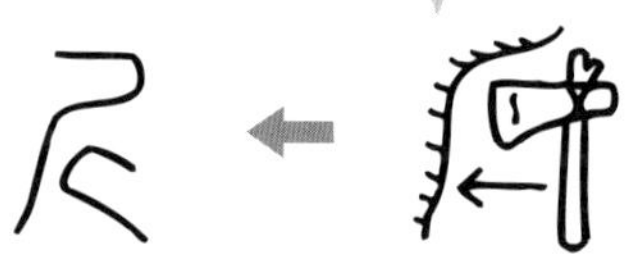

4画

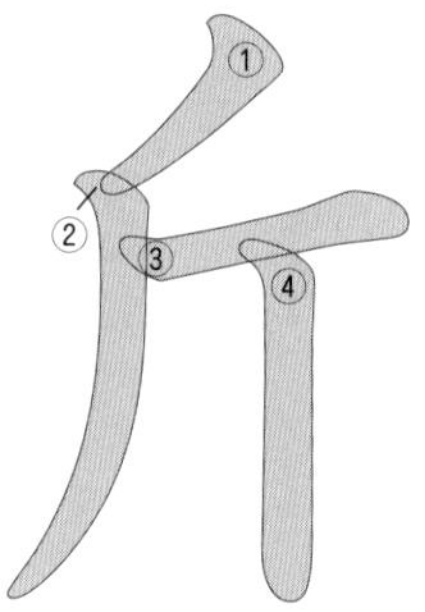

5年 断　2年 新

食器がもとになった部首

氏

【うじ】血のつながった一族、仲間という意味をもつ字が多い。

食べ物を取り分けるさじ（スプーン）の形だよ。

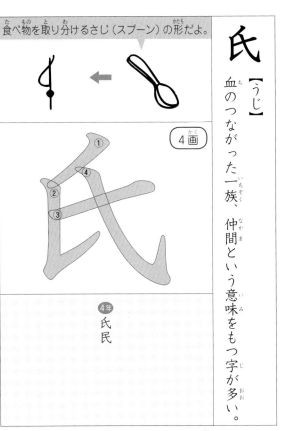

4画

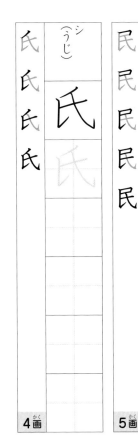

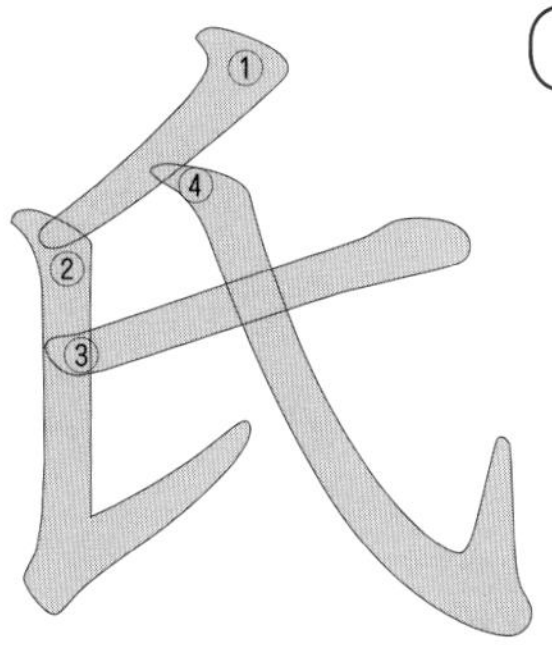

4年 氏民

書き方

4年

ひなん訓練で集まった市民の氏名をかくにんした。

民 ミ ン（たみ） 5画

氏 シ（うじ） 4画

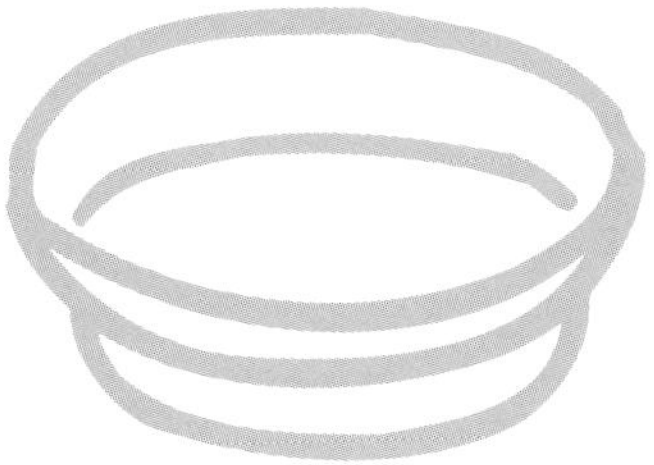

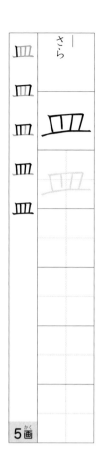

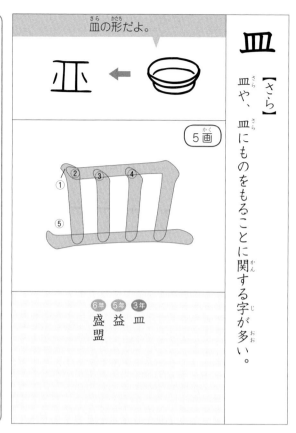

皿

【さら】

皿や、皿にものをもることに関する字が多い。

皿の形だよ。

5画

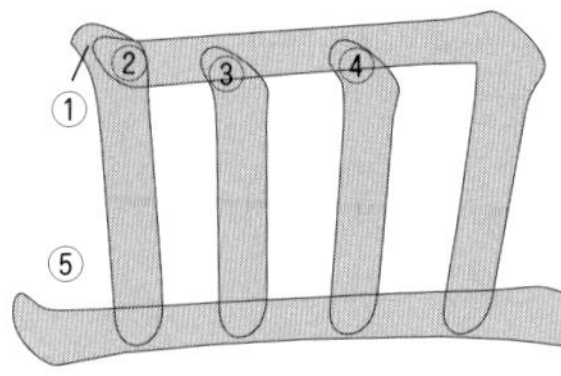

6年 盛 盟　5年 益　3年 皿

書き方

◎ △

3年

大きな皿に、ごちそうが山のようにもられています。

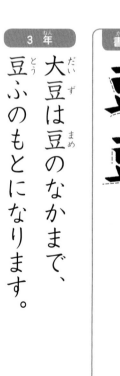

さら

皿

5画

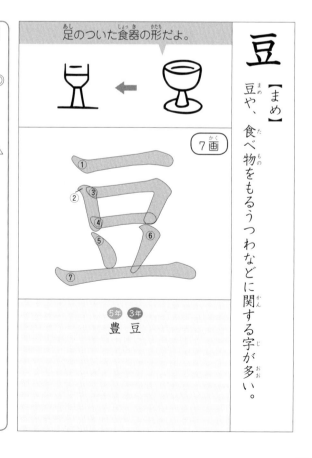

豆

【まめ】

豆や、食べ物をもるうつわなどに関する字が多い。

足のついた食器の形だよ。

7画

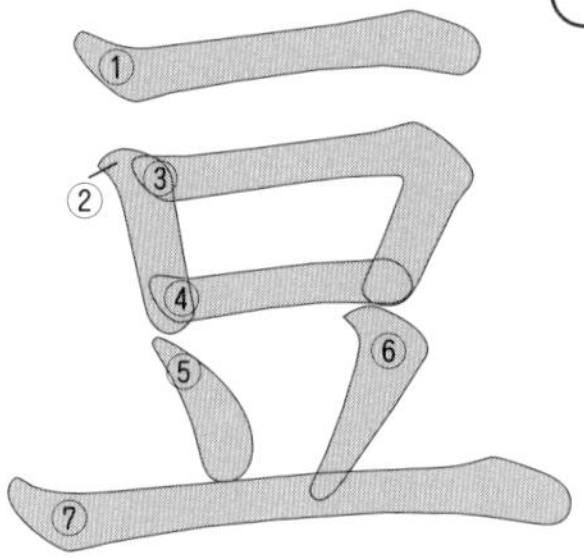

5年 豊　3年 豆

書き方

◎ △

3年

大豆は豆のなかまで、豆ふのもとになります。

トウ ズ まめ

豆

7画

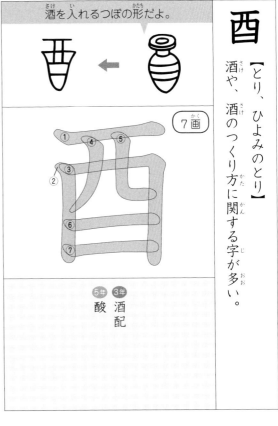

酉

【とり、ひよみのとり】

酒や、酒のつくり方に関する字が多い。

酒を入れるつぼの形だよ。

7画

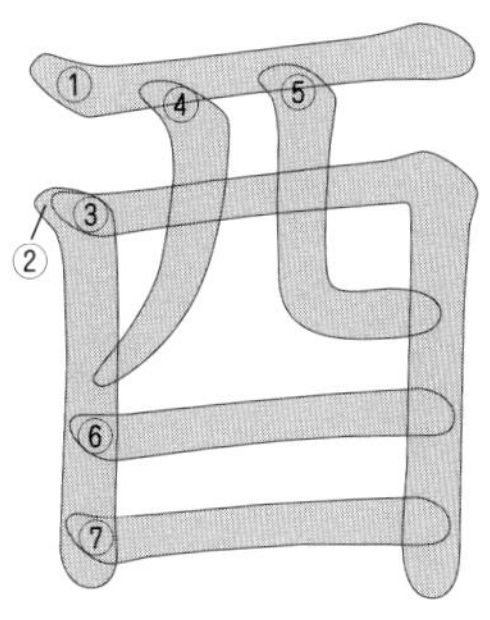

5年 酸

3年 酒 配

書き方

3年

酒の入ったグラスを客に配った。

酒

シュ
さけ
さか

10画

配

ハイ
くばる

10画

苦手な漢字を練習しよう！

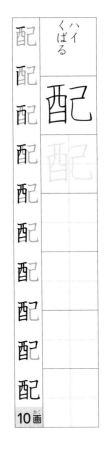

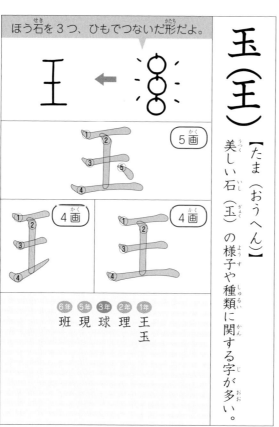

神具(しんぐ)がもとになった部首(ぶしゅ)

玉(王)

【たま（おうへん）】

美しい石（玉）の様子や種類に関する字が多い。

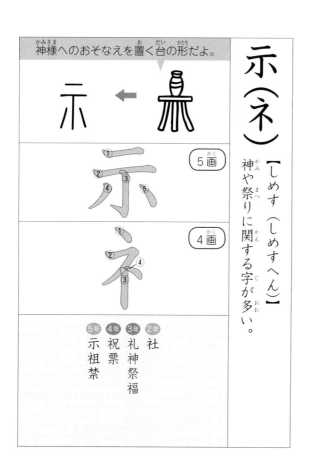

ほう石を３つ、ひもでつないだ形だよ。

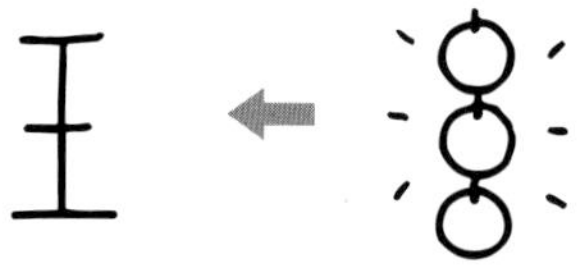

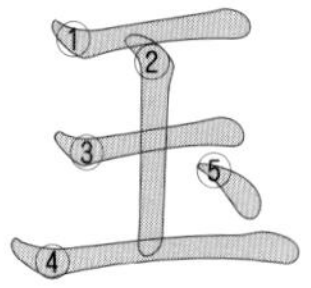

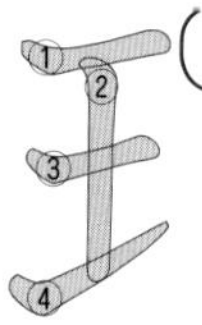

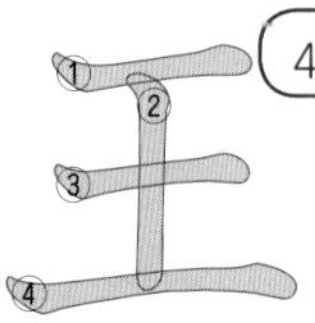

1年	2年	3年	5年	6年
王 玉	理	球	現	班

書き方

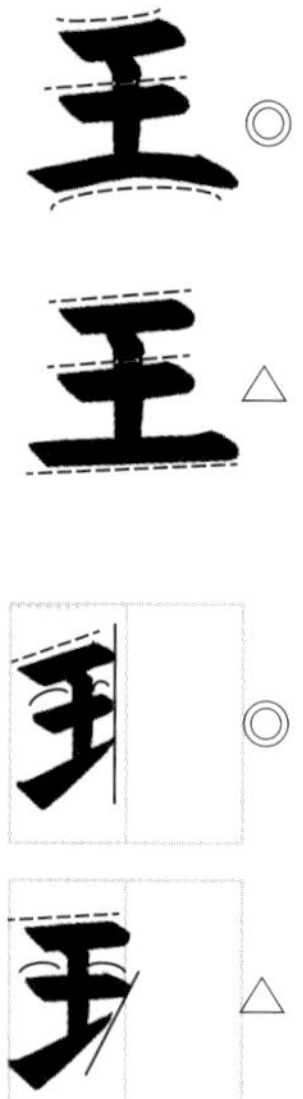

3年

球(きゅう)ぎ大会(たいかい)のしょう品(ひん)は、きれいな石(いし)がはめこまれたトロフィーでした。

キュウ
たま

球

11画

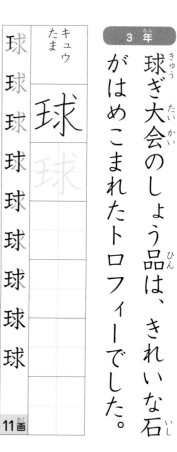

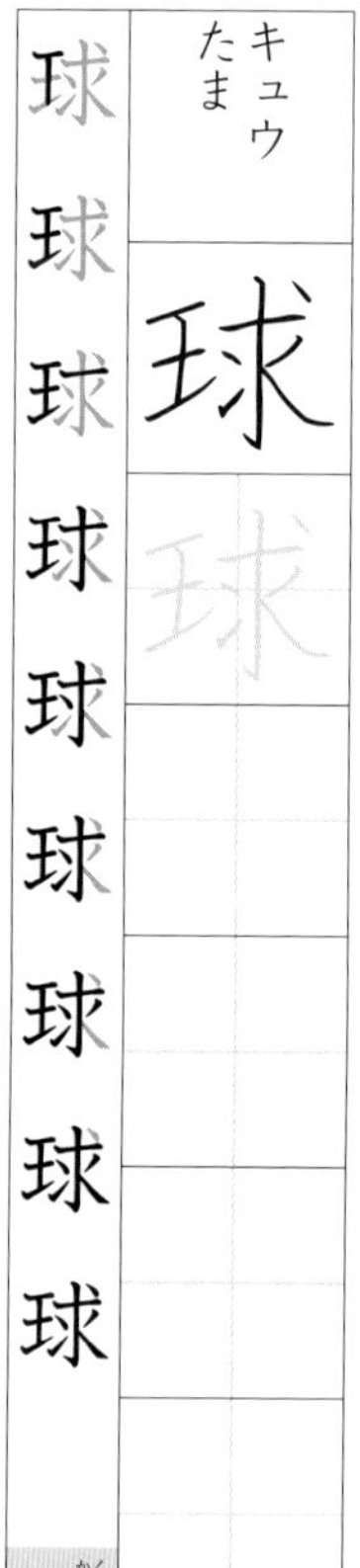

示(ネ)

【しめす（しめすへん）】

神や祭りに関する字が多い。

神様へのおそなえを置く台の形だよ。

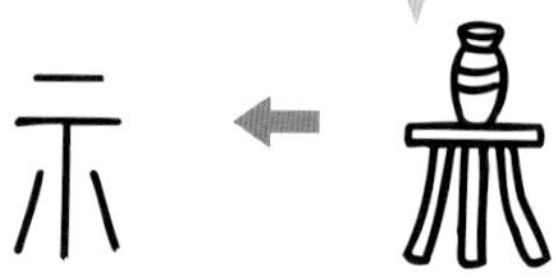

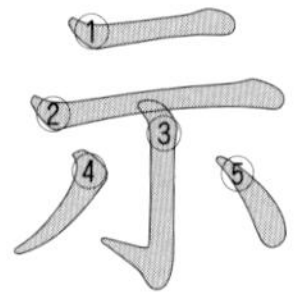

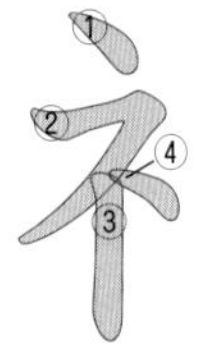

2年	3年	4年	5年
社	礼 神 祭 福	祝 票	示 祖 禁

3年

幸福(こうふく)をいのってくれた人(ひと)に、お礼(れい)を言(い)いました。

福　フク　13画

礼　レイ（ライ）　5画

3年

今日(きょう)は、近所(きんじょ)の神社(じんじゃ)のお祭(まつ)りです。

神　シン｜ジン　かみ（かん）（こう）　9画

祭　サイ　まつる　まつり　11画

4年

投票(とうひょう)で大差(たいさ)をつけて勝(か)ったので、お祝(いわ)いをしました。

票　ヒョウ　11画

祝　シュク（シュウ）　いわう　9画

ぬの

がもとになった部首

巾

【はば、はばへん、きんべん】

ぬのや、おり物に関する字が多い。

たれ下がったぬのの形だよ。

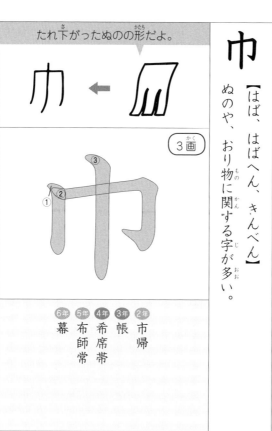

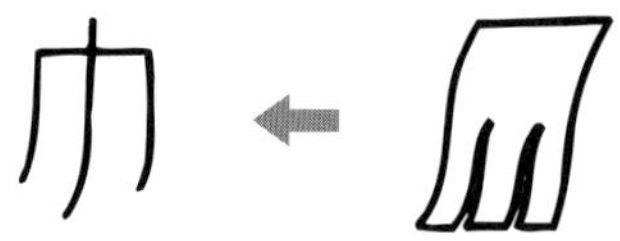

3画

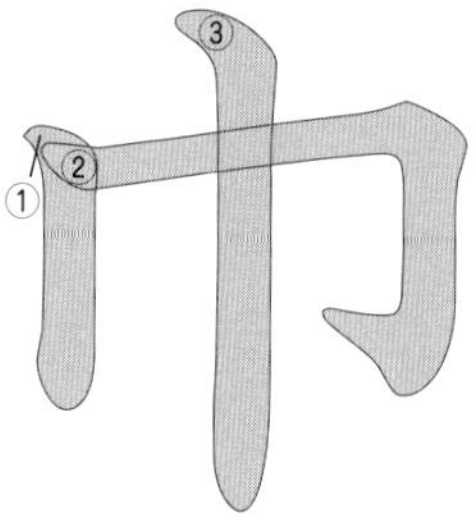

2年 市 帰

3年 帳

4年 希 席 帯

5年 布 師 常

6年 幕

書き方

3年

表紙が黒いぬのでつつまれた手帳を拾いました。

帳 チョウ 11画

4年

着物に帯をしめて、希望していた一番前の席に着きました。

帯 タイ おびる おび 10画

希 キ 7画

席 セキ 10画

衣（衤）

【ころも（ころもへん）】
着物(きもの)やぬのに関(かん)する字(じ)が多(おお)い。

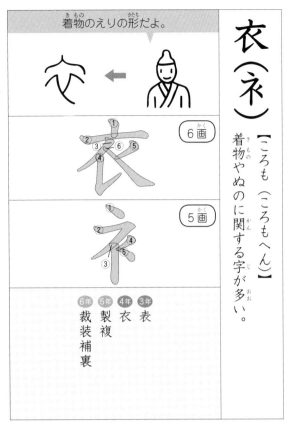

着物(きもの)のえりの形(かたち)だよ。

6画(かく)

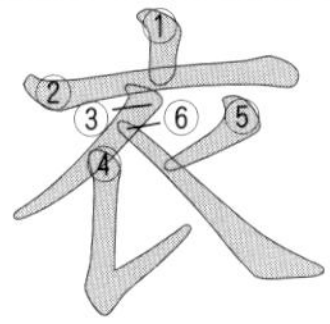

5画(かく)

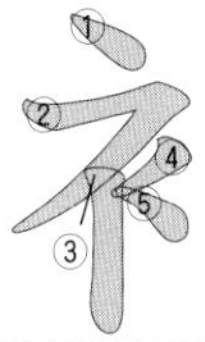

3年 表
4年 衣
5年 製複
6年 裁装補裏

書(か)き方(かた)

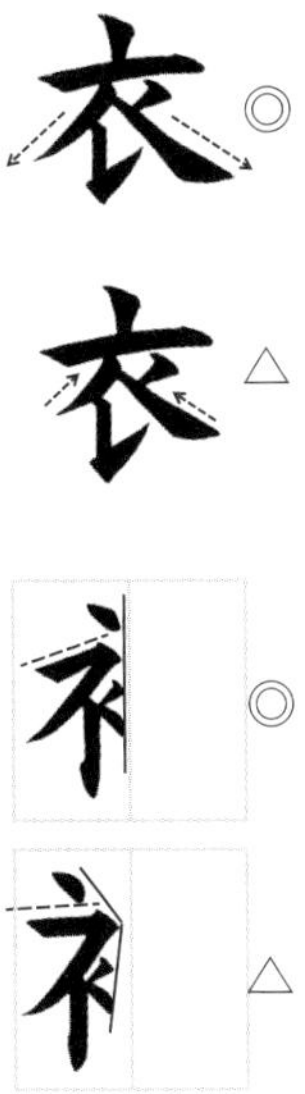

3年(ねん)

この上着(うわぎ)は、うらと表(おもて)をひっくり返(かえ)して着(き)ることができます。

ヒョウ
おもて
あらわす
あらわれる

表

表 表 表 表 表 表 表 表

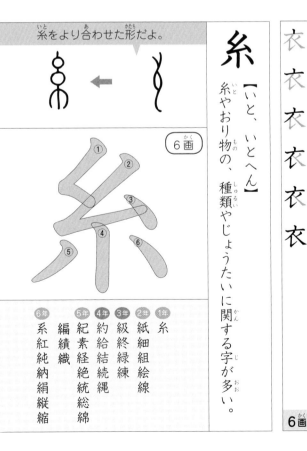

8画(かく)

4年(ねん)

衣(ころも)がえをして、引(ひ)き出(だ)しの衣類(いるい)を入(い)れかえました。

イ
（ころも）

衣

衣 衣 衣 衣 衣 衣 衣

6画(かく)

糸

【いと、いとへん】
糸(いと)やおり物(もの)の、種類(しゅるい)やじょうたいに関(かん)する字(じ)が多(おお)い。

糸(いと)をより合(あ)わせた形(かたち)だよ。

6画(かく)

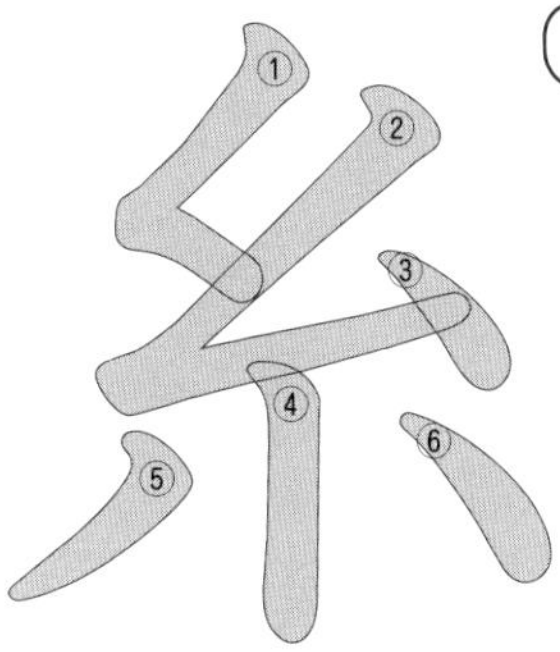

1年 糸
2年 紙細組絵線
3年 級終緑練
4年 約給結続縄
5年 紀素経絶統総綿
編績織
6年 系紅純納絹縦縮

書(か)き方(かた)

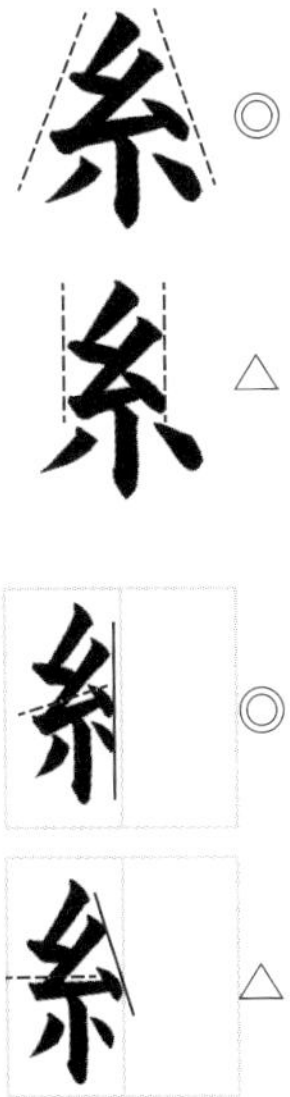

3年

そろばんの進級テストに受かるように、はちまきをして練習しています。

級
キュウ
―
9画
級

練
レン
ねる
14画
練

3年

新緑がきれいな遊歩道の終点で、しきものを広げてすわりました。

緑
リョク
(ロク)
みどり
14画
緑

終
シュウ
おわる
おえる
11画
終

4年

給食係は、きれいにあらったエプロンを着けています。

給
キュウ
―
12画
給

4年

みんなが楽しくなるような服をつくり続けると約束しました。

続
ゾク
つづく
つづける
13画
続

約
ヤク
―
9画
約

4年

川の向こう岸の木に、縄をしっかりと結びつけました。

縄
(ジョウ)
なわ
縄
縄 縄 縄 縄 縄 縄 縄 縄 縄
15画

結
ケツ
むすぶ
(ゆう)
(ゆわえる)
結
結 結 結 結 結 結 結
12画

乗り物

部首がもとになった

車【くるま、くるまへん】

車の部分や種類、動きを意味する字が多い。

7画

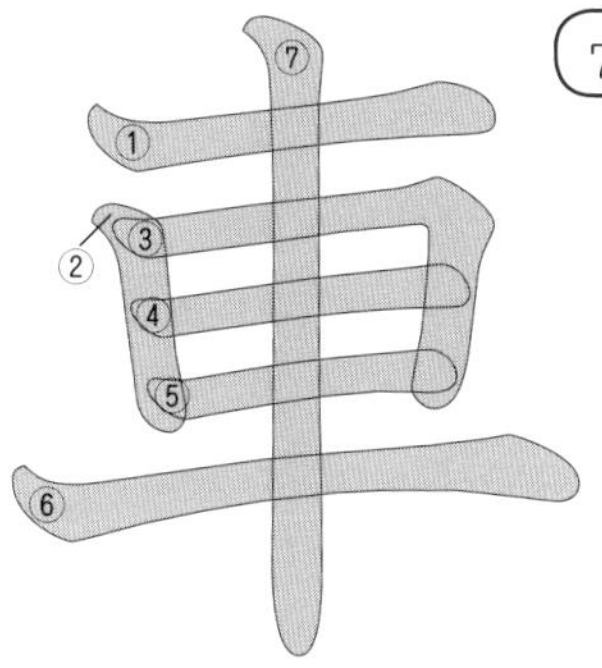

1年 車
3年 転 軽
4年 軍 輪
5年 輸

書き方

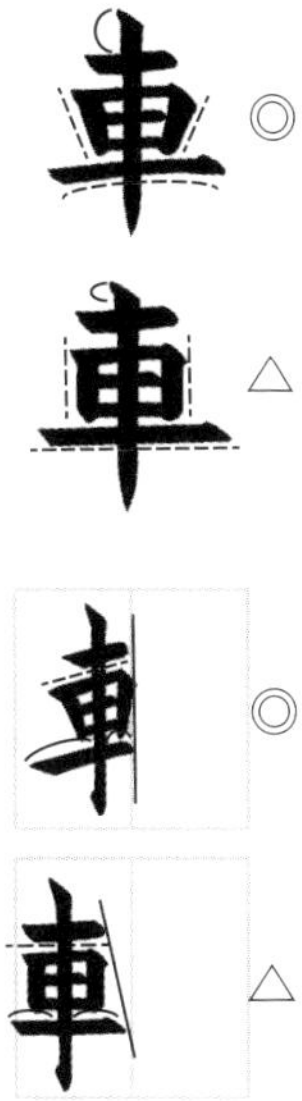

3年

軽自動車を運転します。

軽
ケイ
かるい
(かろやか)
軽
軽 軽 軽 軽 軽 軽 軽
12画

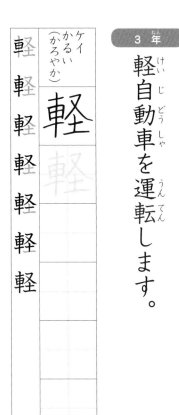

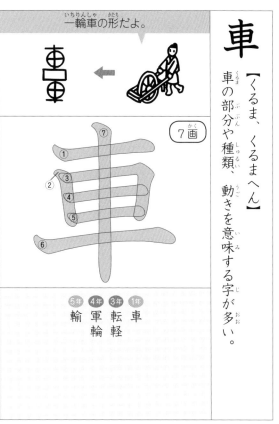

転

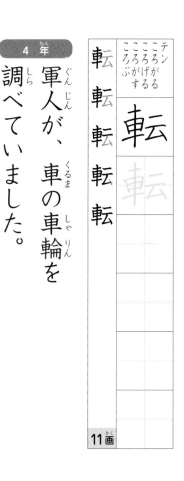

テン
ころがる
ころげる
ころがす
ころぶ

転 転 転 転 転

11画

4年

軍人が、車の車輪を調べていました。

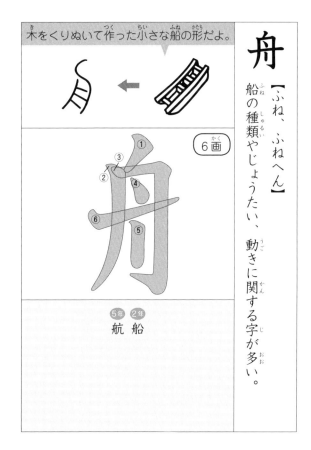

軍

グン

軍 軍 軍 軍 軍 軍 軍 軍 軍

9画

輪

リン
わ

輪 輪 輪 輪 輪 輪 輪 輪 輪

15画

舟

【ふね、ふねへん】

船の種類やじょうたい、動きに関する字が多い。

木をくりぬいて作った小さな船の形だよ。

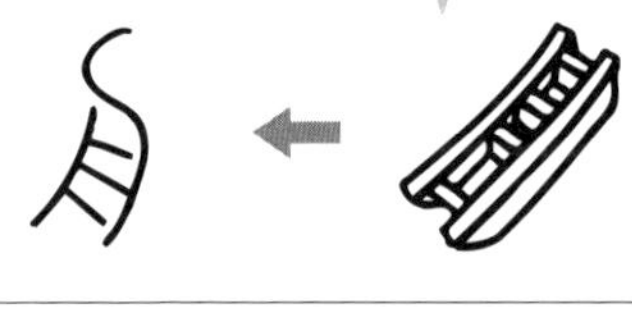

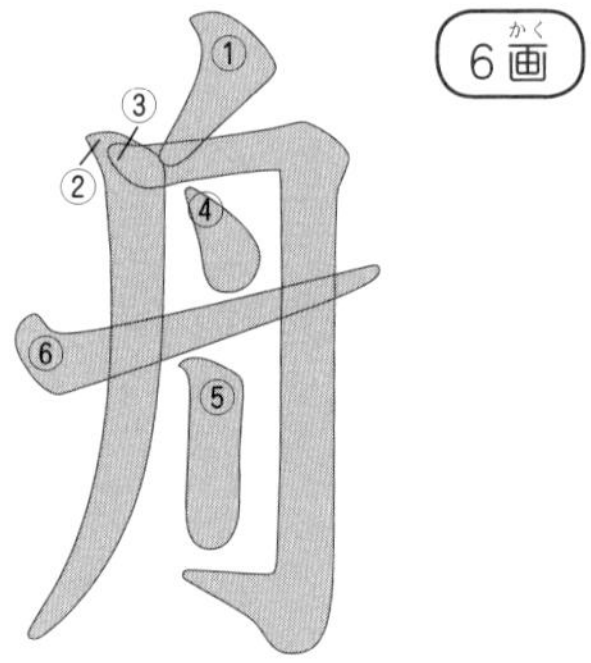

5年 2年

航 船

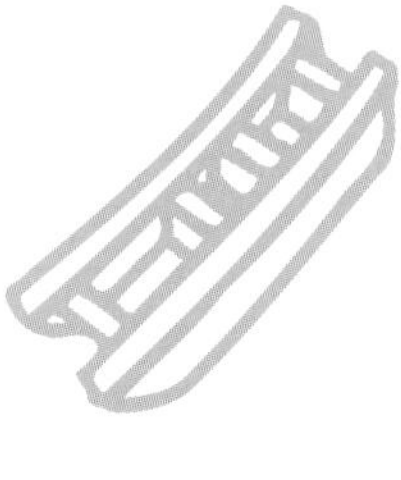

その他の部首

- 匚 かくしがまえ、はこがまえ
- 丨 たてぼう
- 十 じゅう
- 八 はち、はちがしら
- 冖 わかんむり
- 入 いる、いりがしら

動く形 p.116

- 彡 さんづくり
- 文 ぶん、ぶんにょう

もよう p.119

- 一 いち
- 亅 はねぼう
- ノ はらいぼう、の
- 丶 てん
- 二 に
- 乙（乚） おつ（おつにょう）
- 亠 なべぶた、けいさんかんむり
- ⺍ つかんむり
- 小（⺌） しょう

見た形 p.120

動く形がもとになった部首

匚

【かくしがまえ、はこがまえ】

かくす、区切るということに関する字が多い。

ものにおおいをかぶせた形だよ。

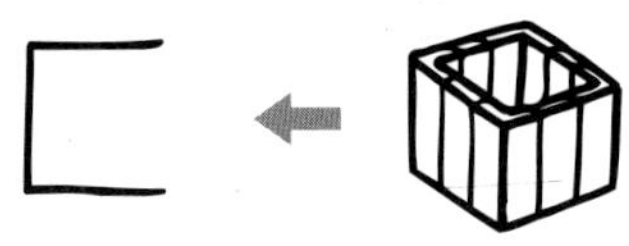

2画

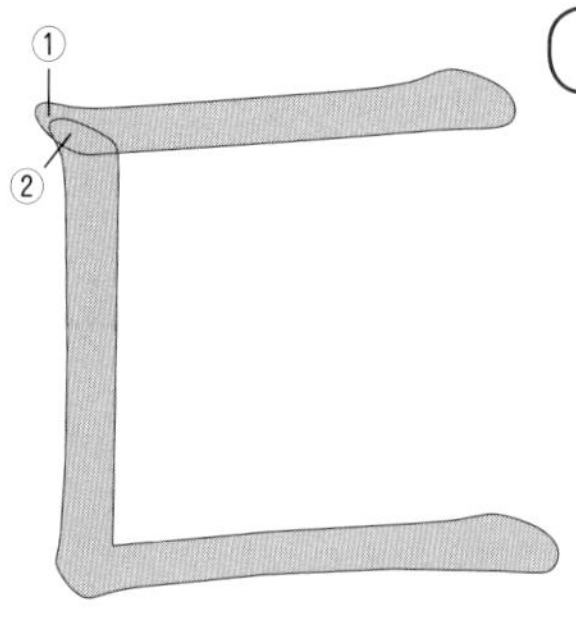

3年 区 医

書き方

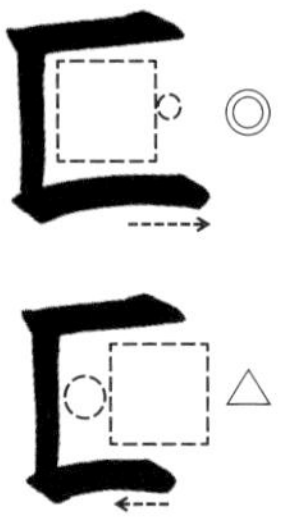

3年

区長は医者に、自分の病気のことをかくさずに話した。

区 4画

区 区 区 区

医 7画

医 医 医 医 医 医 医

丨

【たてぼう】

「丨」という形をもつ字をふくむ部首。

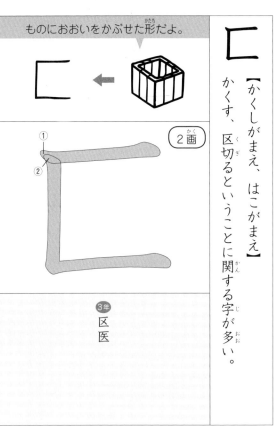

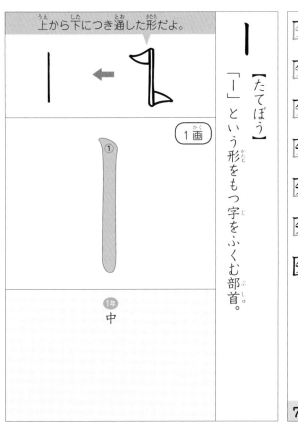

上から下につき通した形だよ。

1画

1年 中

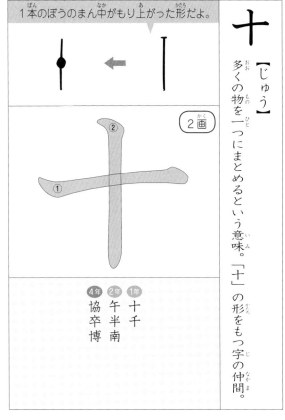

十

【じゅう】

多くの物を一つにまとめるという意味。「十」の形をもつ字の仲間。

1本のぼうのまん中がもり上がった形だよ。

2画

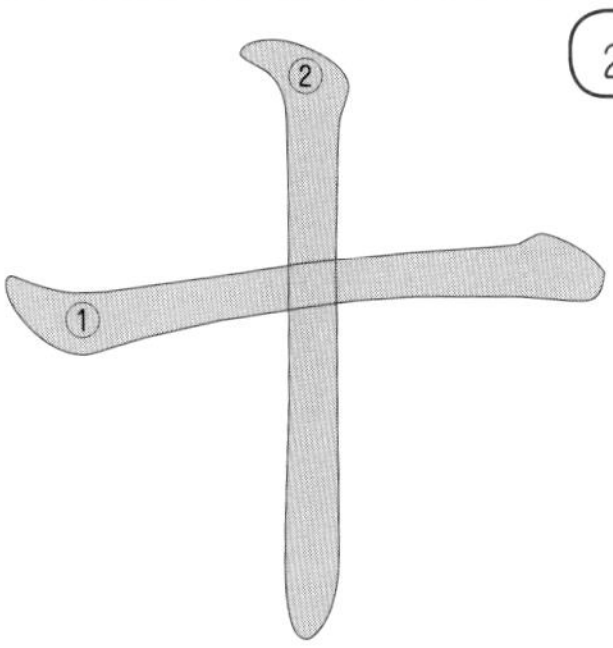

1年 十 千

2年 午 半 南

4年 協 卒 博

書き方

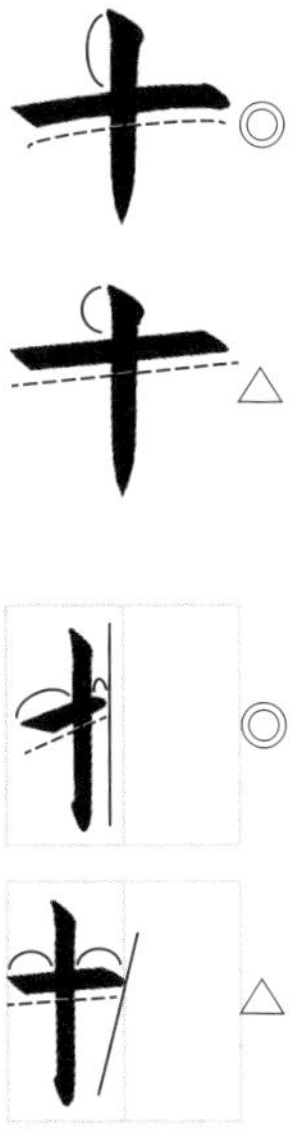

4年

大学を卒業したばかりの人と協力して、博物館で研究をまとめています。

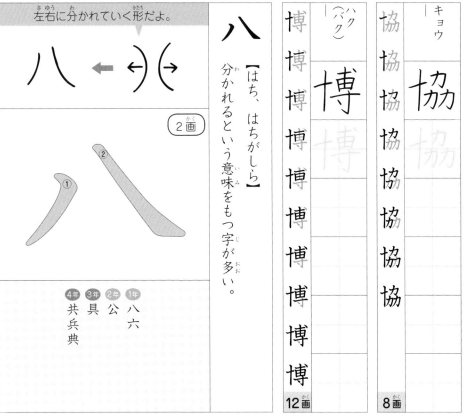

卒　ソツ

卒 卒 卒 卒 卒 卒 卒 卒

8画

協　キョウ

協 協 協 協 協 協 協 協

8画

博　ハク（バク）

博 博 博 博 博 博 博 博 博 博 博 博

12画

八

【はち、はちがしら】

分かれるという意味をもつ字が多い。

左右に分かれていく形だよ。

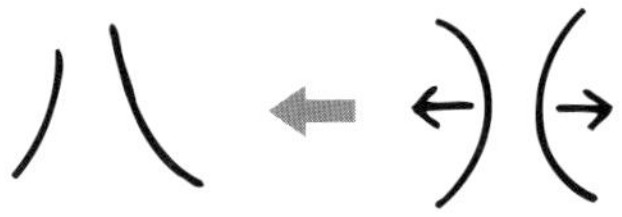

2画

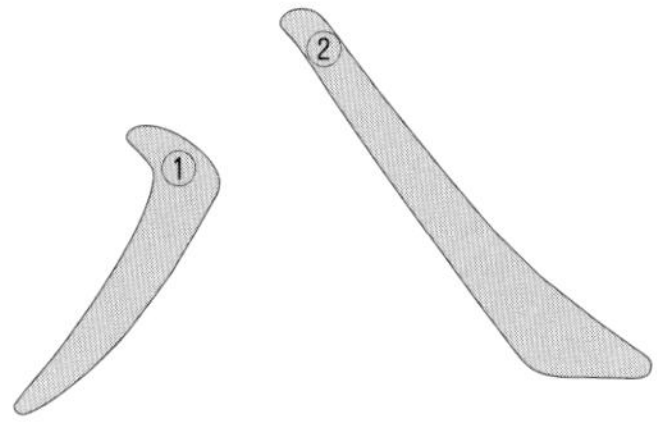

1年 八 六

2年 公

3年 具

4年 共 兵 典

書き方

3年

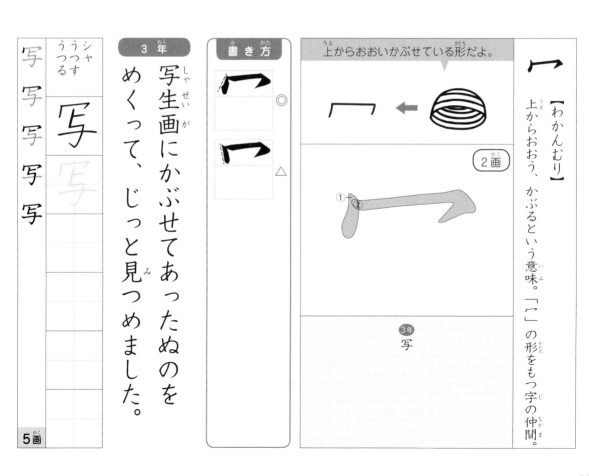

道具箱の中から、よく使うものを取り分けました。

具
グ
8画

4年

古典にえがかれた水兵の悲しみに共感できるか、意見が分かれた。

典
テン
8画

兵
ヘイ
ヒョウ
7画

共
キョウ
とも
6画

冖 【わかんむり】

上からおおう、かぶるという意味。「冖」の形をもつ字の仲間。

上からおおいかぶせている形だよ。

2画

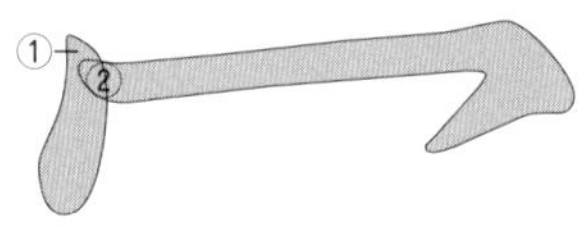

3年 写

書き方

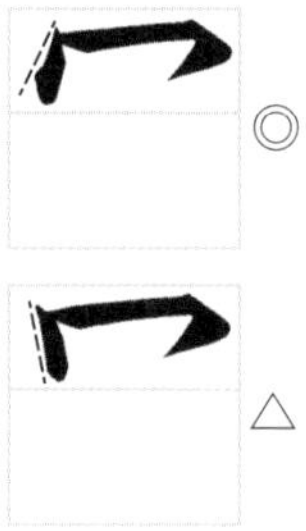

3年

写生画にかぶせてあったぬのをめくって、じっと見つめました。

写
シャ
うつす
うつる
5画

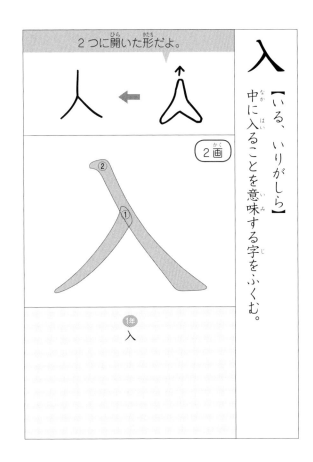

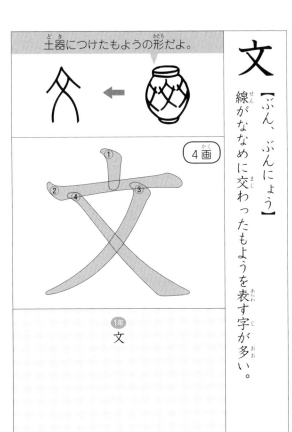

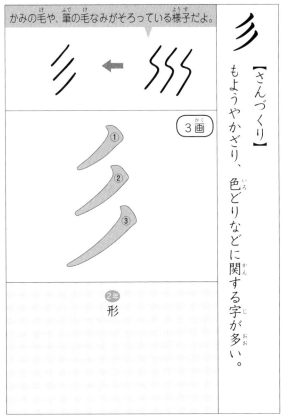

もよう がもとになった部首(ぶしゅ)

入

【いる、いりがしら】

中(なか)に入(はい)ることを意味(いみ)する字(じ)をふくむ。

2つに開(ひら)いた形(かたち)だよ。

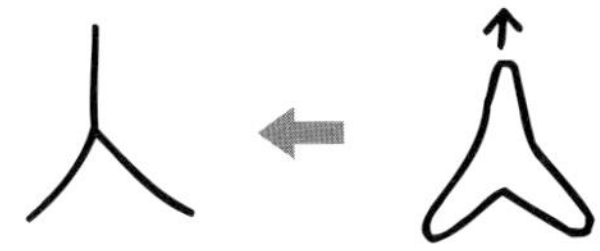

2画(かく)

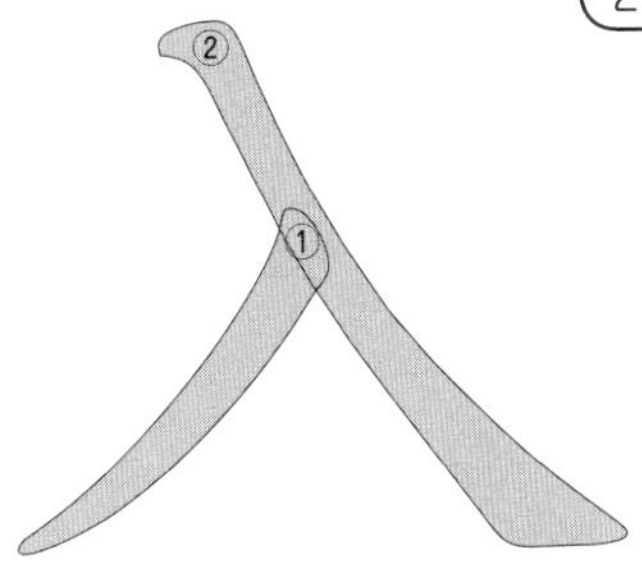

1年

入

彡

【さんづくり】

もようやかざり、色(いろ)どりなどに関(かん)する字(じ)が多(おお)い。

かみの毛(け)や、筆(ふで)の毛(け)なみがそろっている様子(ようす)だよ。

3画(かく)

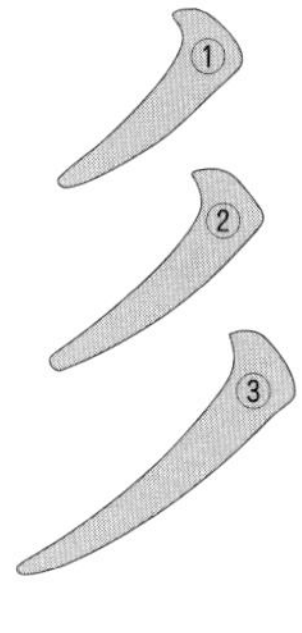

2年

形

文

【ぶん、ぶんにょう】

線(せん)がななめに交(まじ)わったもようを表(あらわ)す字(じ)が多(おお)い。

土器(どき)につけたもようの形(かたち)だよ。

4画(かく)

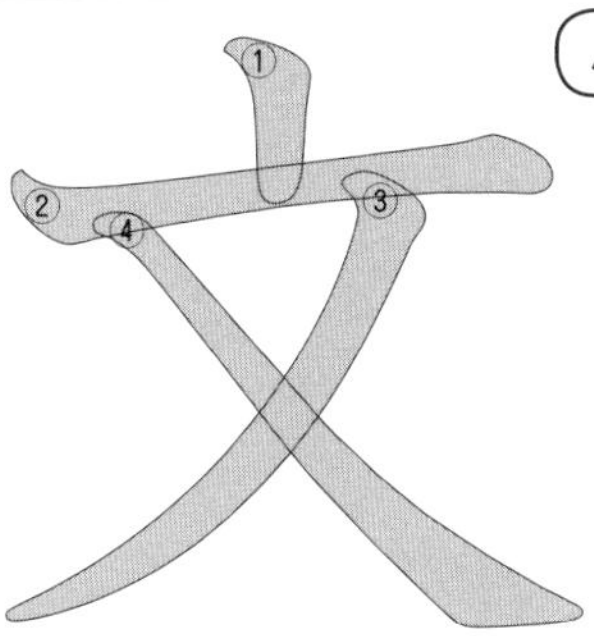

1年

文

見た形がもとになった部首

一

【いち】

「一」の形をもつ字をふくむ部首。

1本の横ぼうだよ。

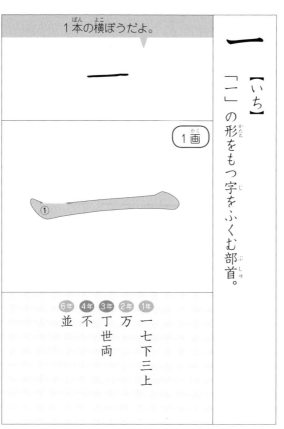

一

1画

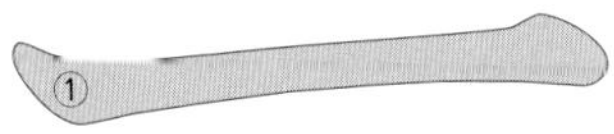

1年	2年	3年	4年	6年
一 七 下 三 上	万	丁 世 両	不	並

書き方

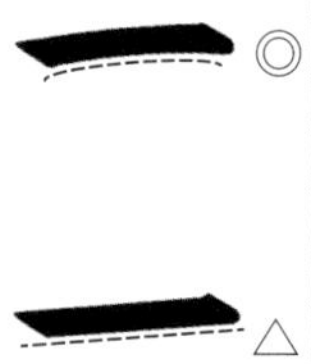

3年

三丁目には、夕日がきれいに見える公園があります。

丁　チョウ（テイ）　｜　2画

丁 丁

3年

わたしの両親は、子どもの数がへり始めたころに生まれた世代です。

両　リョウ　｜　6画

両 両 両 両 両 両

世　セイ　セ　よ　5画

世 世 世 世 世

4年

学校の七不思議について、友だちから教わった。

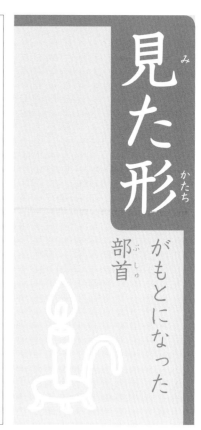

不

｜ブ フ

不 不 不 不

4画

亅

【はねぼう】

「亅」の形をもつ字をふくむ部首。

ものをひっかける、先が曲がった「かぎ」の形だよ。

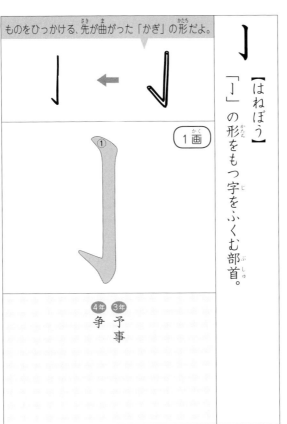

1画

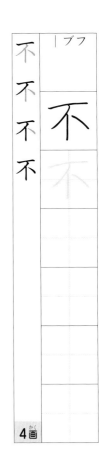

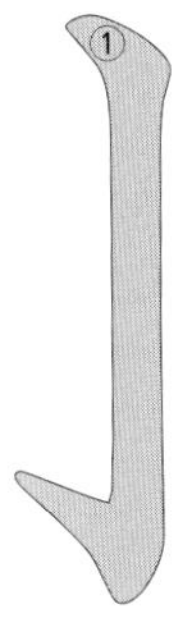

4年 争

3年 予 事

書き方

◎

△

3年

今年から始めた仕事は、とてもうまくいくような予感がする。

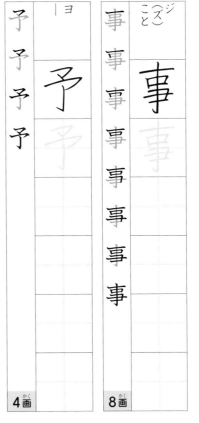

事

ジ（ズ） こと

事 事 事 事 事 事 事 事

8画

予

｜ヨ

予 予 予 予

4画

4年

七十年以上前に、大きな戦争がありました。

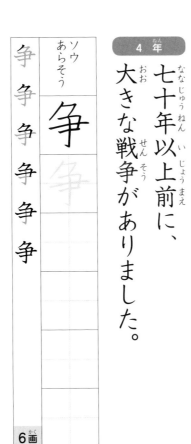

争

ソウ あらそう

争 争 争 争 争 争

6画

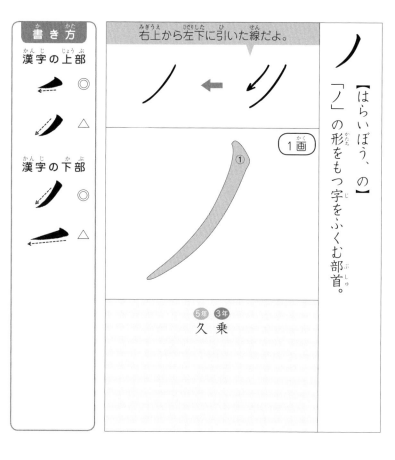

ノ 【はらいぼう、の】

「ノ」の形をもつ字をふくむ部首。

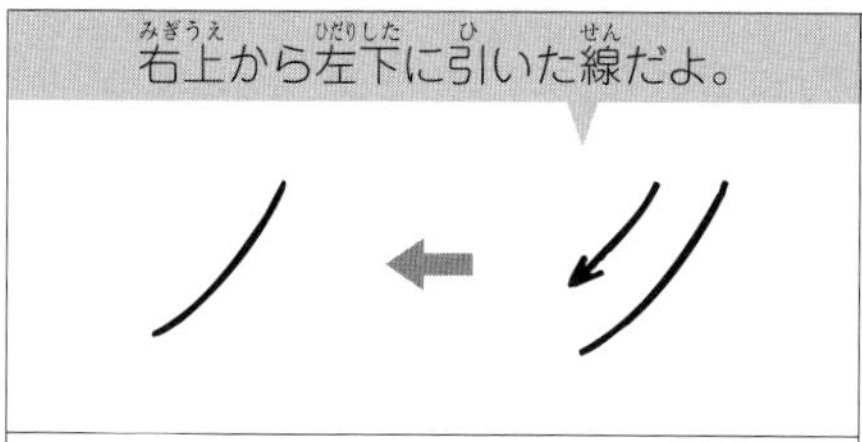

右上から左下に引いた線だよ。

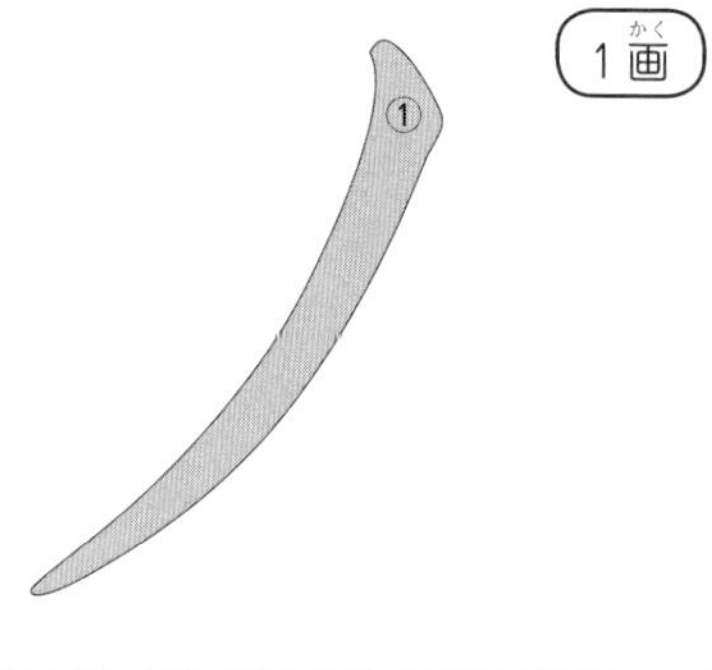

5年 3年
久 乗

書き方

漢字の上部

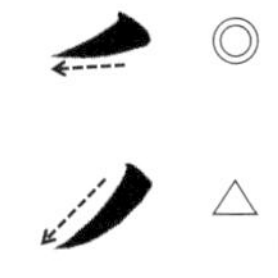

漢字の下部

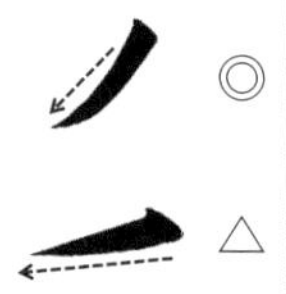

3年

乗客たちの多くは、次の駅で乗りかえます。

ジョウ
のる
のせる

乗

乗 乗 乗 乗 乗 乗 乗 乗 乗

9画

丶 【てん】

「丶」の形をもつ字をふくむ部首。

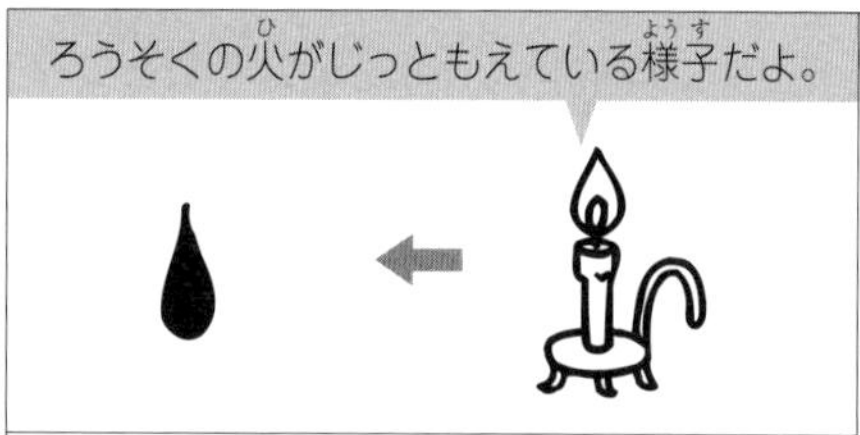

ろうそくの火がじっともえている様子だよ。

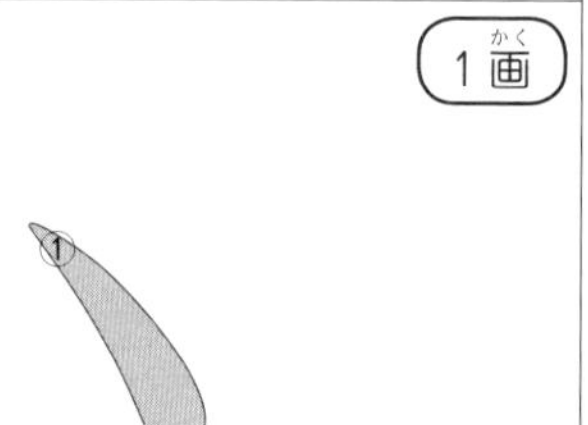

3年 2年
主 丸

書き方

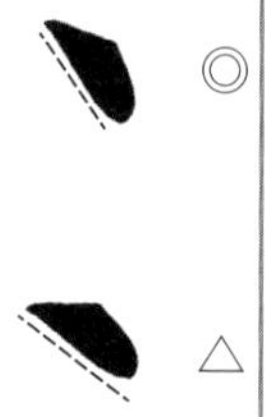

3年

宿の主人は、主な部屋にろうそくの火をともして客をむかえた。

シュ
(ス)
ぬし
おも

主

主 主 主 主 主

5画

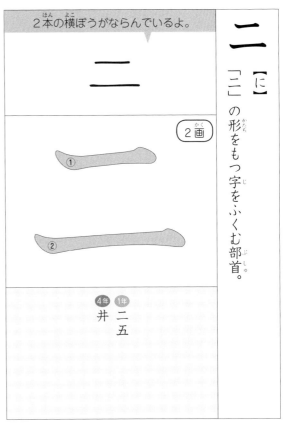

二【に】

「二」の形をもつ字をふくむ部首。

2本の横ぼうがならんでいるよ。

二

2画

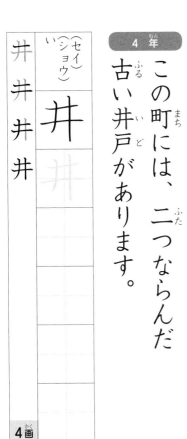

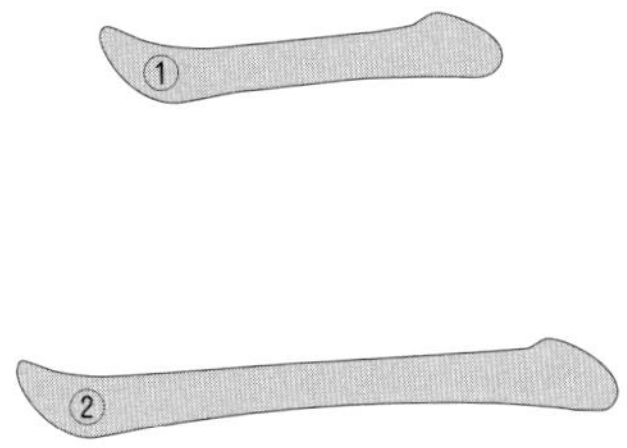

1年 二 五

4年 井

書き方

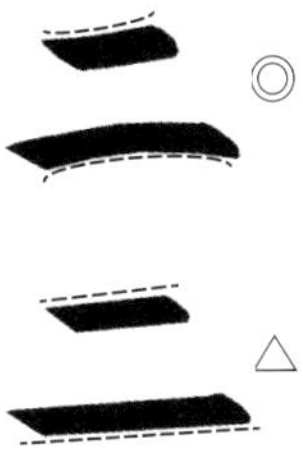

4年

この町には、二つならんだ古い井戸があります。

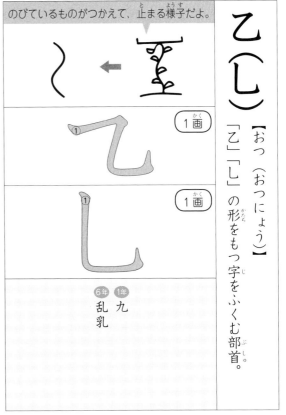

い（セイ）（ショウ）

井

井 井 井 井

4画

乙（乚）【おつ（おつにょう）】

「乙」「乚」の形をもつ字をふくむ部首。

のびているものがつかえて、止まる様子だよ。

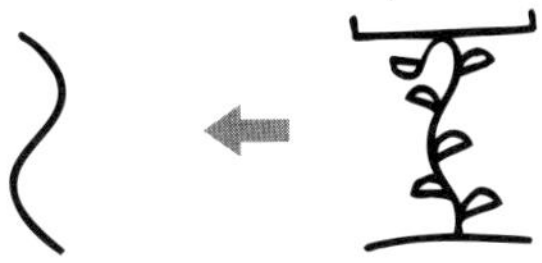

1画

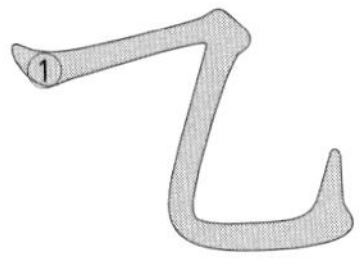

1画

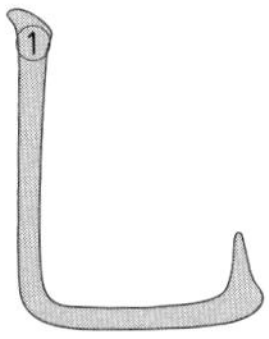

1年 九

6年 乱 乳

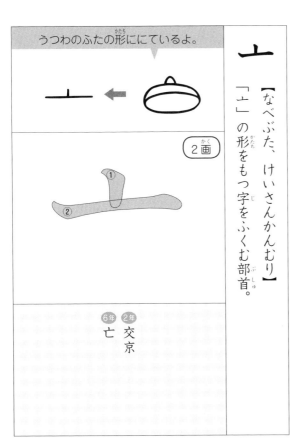

亠【なべぶた、けいさんかんむり】

「亠」の形をもつ字をふくむ部首。

うつわのふたの形ににているよ。

2画

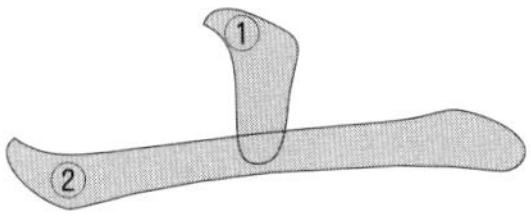

2年 交 京

6年 亡

⺍

【つかんむり】

「⺍」の形をもつ字をまとめた部首。

いろいろな字の一部が省略されて、ツの形になったよ。

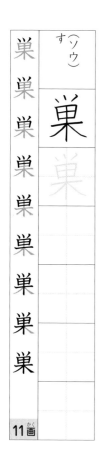

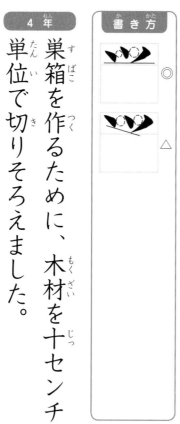

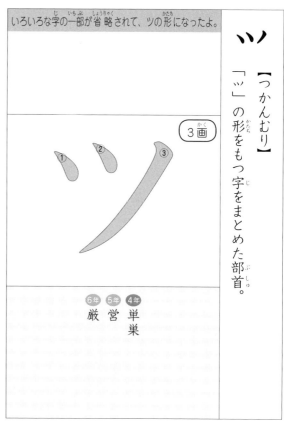

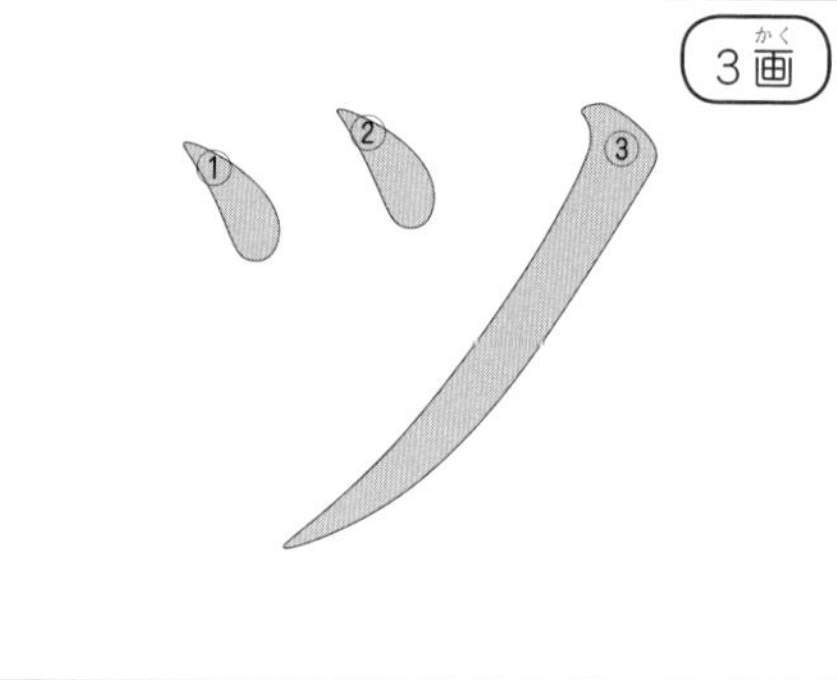

6年 厳　5年 営　4年 単 巣

書き方

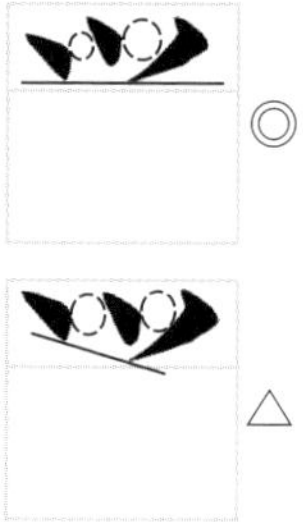

4年

巣箱を作るために、木材を十センチ単位で切りそろえました。

巣　す（ソウ）　11画

巣 巣 巣 巣 巣 巣 巣 巣 巣

単　タン　9画

単 単 単 単 単 単 単 単 単

小（⺌）

【しょう】

小さい、少ないなどの意味をもつ字が多い。

とても小さな３つの点を表しているよ。

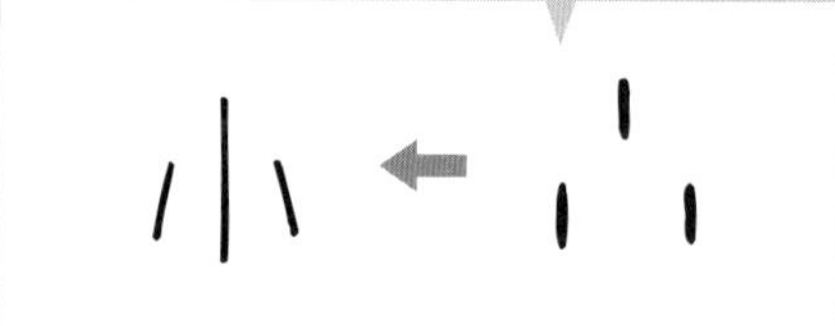

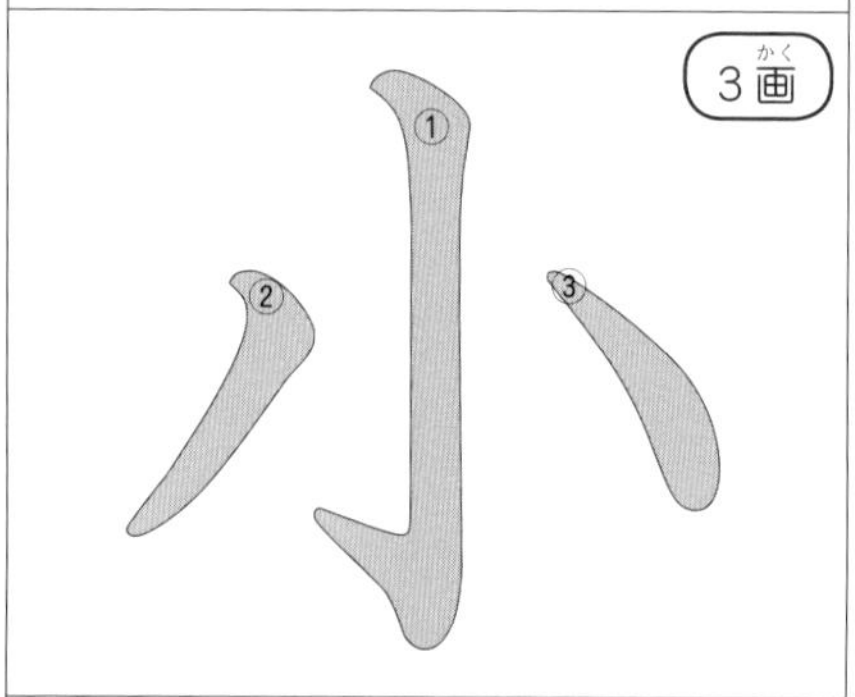

1年 小　2年 少 当

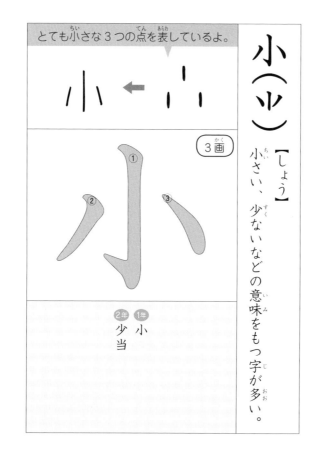

漢字の練習をしよう！

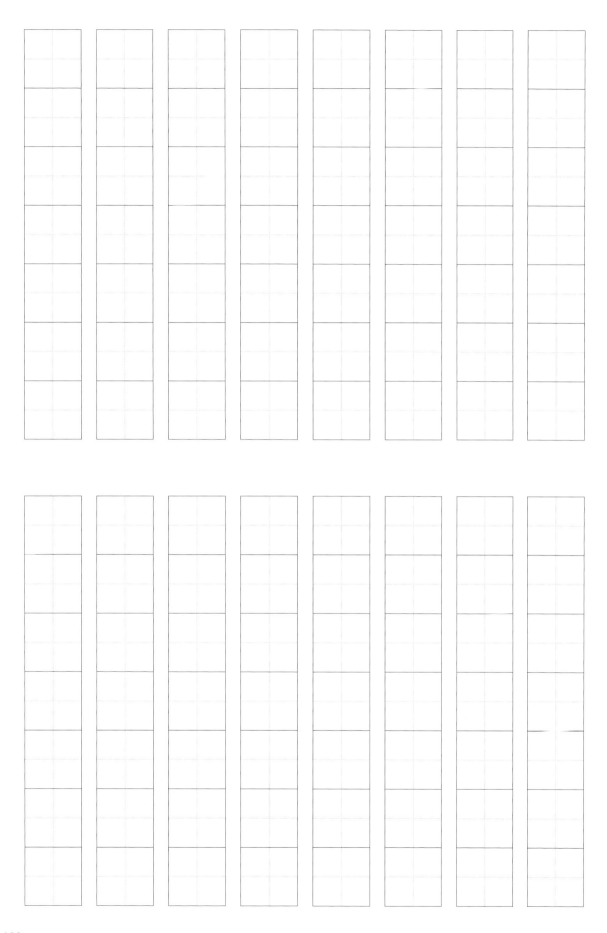

さくいん

- 3年生、4年生で学習する漢字のすべての読みを五十音順にならべ、その漢字をしめしました。
- 同じ読みの漢字は、この本に出てくるページ順にならんでいます。
- 上から、「読み」「学習する学年（○数字）」「漢字」「この本のページ数」を表します。
- かたかなは音読み、ひらがなは訓読みで、赤い字は送りがなです。
- *は、小学校で習わない読みです。同じ読みの最後にならべています。

部首さくいん

小学1～4年生で習った漢字

1年生（80字）

一右雨円王音下火花貝
学気九休玉金空月犬見
五口校左三山子四糸字耳七
車手十出女小上森人水正生
青夕石赤千川先早草足村大
男竹中虫町天田土二日入年
白八百文木本名目立力林六

2年生（160字）

引羽雲園遠何科夏家歌画回
会海絵外角楽活間丸岩顔汽
記帰弓牛魚京強教近兄形計元言
原戸古午後語工公広交光考行高
黄合谷国黒今才細作算止市矢姉
思紙寺自時室社弱首秋週春書少
場色食心新親図数西声星晴切雪
船線前組走多太体台地池知茶昼
長鳥朝直通弟店点電刀冬当東答
頭同道読内南肉馬売買麦半番父

毛鳴明万妹毎北方母歩米聞分風
話理里来曜用友野夜門

3年生（200字）

泳運飲院員育意委医暗安悪
感寒階開界荷化温屋横央駅
業橋去球宮級急究客期起岸館漢
庫県研決血軽係君具苦区銀局曲
歯指始使死仕皿祭根号港幸向湖
州受酒取守主者写実式持事次詩
章商消昭助暑所宿重住集習終拾
相全昔整世進深真神身申植乗勝
短炭題第代待対打他族速息想送
都転鉄笛庭定追調帳丁柱注着談
箱倍配波農童動等登湯島豆投度
病秒表氷筆鼻美悲皮板坂反発畑
問面命味放勉返平物福服部負品
流落様陽葉洋羊予遊有油由薬役
和路練列礼緑両旅

4年生（202字）

岡塩媛栄英印茨位衣以案愛

各街害械改賀芽課貨果加億

機器旗季希岐願観関管官完潟覚

軍訓熊極競鏡協共漁挙給泣求議

香好功固験健建結欠芸景径群郡

参察刷札昨崎材埼最菜差佐康候

種借失鹿辞滋治児試司氏残散産

井信臣縄城照焼唱笑松初順祝周

争然選戦浅説節折積席静清省成

沖仲置単達隊帯孫卒続側束巣倉

奈栃徳特働灯努徒伝典的底低兆

夫不標票必飛飯阪博梅敗念熱梨

牧望法包便変辺別兵副富阜府付

料良陸利浴養要勇約無民未満末

録労老連例冷令類輪量

練習用データのダウンロードの方法

① 「書いて覚えるシリーズ　特設ページ」にアクセス

方法１　「小学館クリエイティブ」で検索し、トップページにアクセスしてください。
URL：http://www.shogakukan-cr.co.jp/
「書いて覚えるシリーズ　特設ページ」のバナーをクリックし、
『書いて覚える小学３・４年生の漢字 402　令和版』のページへ進んでください。

方法２　右上の QR コードを読みこむか、下のＵＲＬを打ちこんでアクセスしてください。

URL：http://www.shogakukan-cr.jp/kanji/34nen/

② ユーザー名とパスワードを入力

入力画面に右のユーザー名とパスワードを入力し、ログインボタンをクリックしてください。

●ユーザー名：kanji34
●パスワード：mbigw

③ 必要なページをダウンロード

必要なページをクリックしてＰＤＦをプリントアウトし、ご使用ください。

書き取り練習シート

この本の内容に合わせた漢字の書き取り練習シートと、マス目の書き取り練習シートがあります。

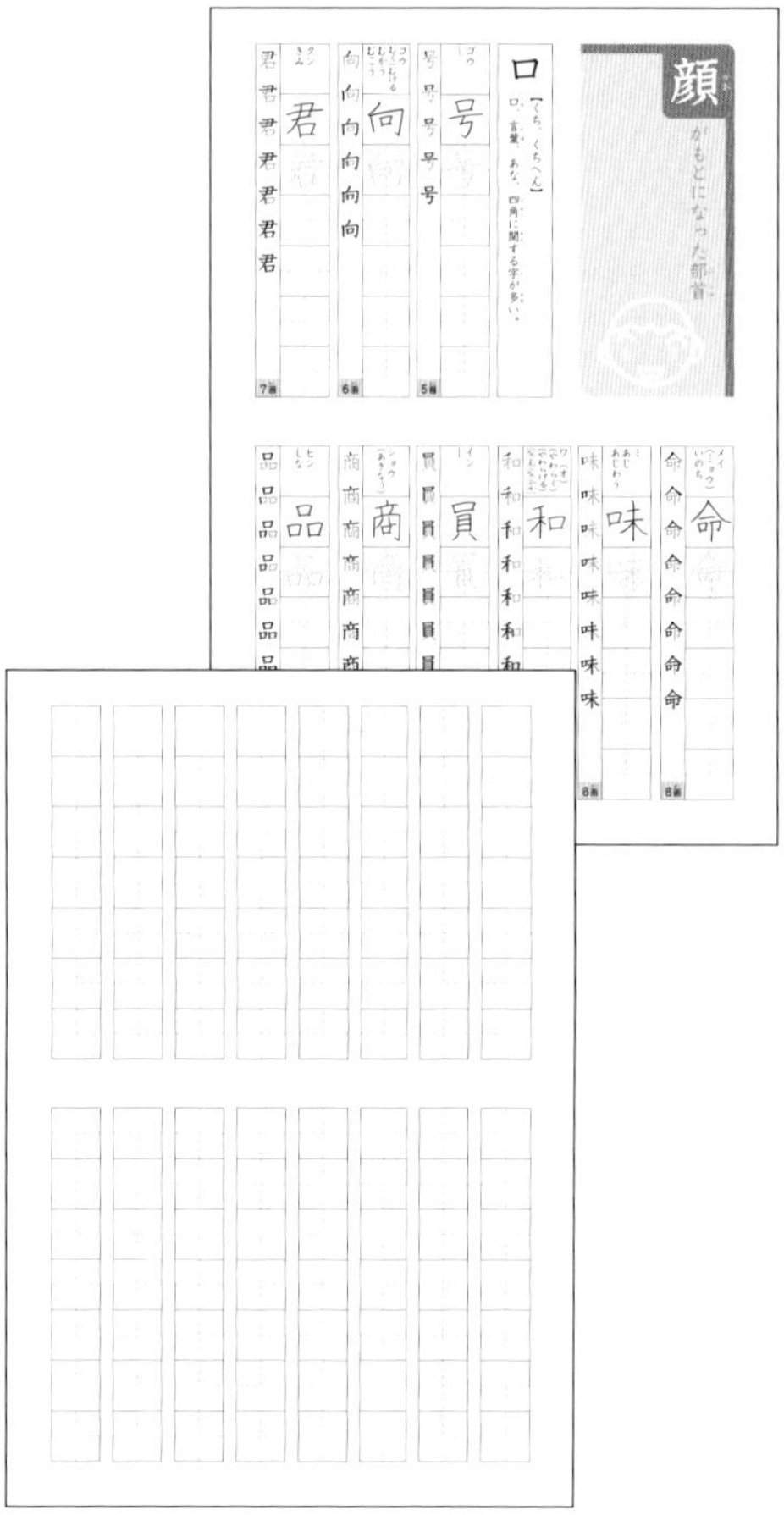

漢字をきれいに書くための書写カード

バランスの取れた形の漢字が書ける、21 のポイントを記したカードです。プリントアウトして、部首の「書き方」のらんにある、◎（よい書き方）のお手本と見くらべながら書き取り練習をしましょう。

※ PDF データを見るには、最新の Adobe Acrobat Reader が必要です。

おうちの方へ

私は、大学を卒業してから広島県の中学校の国語科教員として勤務しました。その時に出会った生徒たちから「自分の書く文字が好きではない。」という声をよく聞きました。また、漢字についても筆順や字形には興味を示さず「書けばよい」という意識の生徒が多くいました。人生の中で「漢字」や「書写」と初めて出会うのは小学校です。その時に良い出会いをしたかどうかは、その子にとって大きな影響を与えるのでないかと、生徒たちを見ていて思いました。

そこで、私は中学校から小学校への異動を考えるようになりました。小学校では、初めて漢字に出会った時の小学1年生は、輝くような目をしてわくわくしながら漢字を書いていました。初めて筆を持った小学3年生はどきどきしながら半紙に向かっていました。それからの私は子ども達の「どきどき・わくわく」の気持ちを失わせないために、「書写・漢字」を専門に指導法を追及していきました。

「書写教育」については、自己の専門性を高めるため、小学校在職中に安田女子大学大学院に進み、全国大学書写書道教育学会を創設された久米公先生、書写教科書を永年執筆された安田壮先生をはじめとする多くの先生方の薫陶を受けることができました。その後、広島大学大学院での長期研修中には松本仁志先生のご指導を、書写教科書編集にかかわるようになってからは、山梨大学の宮澤正明先生のご指導を受けることで、自己の指導法を改善してまいりました。

しかし、「漢字教育」については、漢字の成り立ちを指導に取り入れることで子ども達の意欲を高めることには成功しましたが、漢字の習得率を十分に上げることはできなくて悩んでいました。その当時（平成15年）私の勤務していた尾道市立土堂小学校に、校長として陰山英男先生が着任されました。陰山校長先生は一見ワンマン校長のようでしたが実は、我々教職員の自主性を大変尊重されました。徹底反復学習の効果については示されましたが、ほとんど示範はされませんでした。「自分のやり方で試してみなさい。苦労する中で自分の手法が確立するから」とよく言われていました。

その陰山校長先生が私たちに指示されたのが「漢字前倒し指導」でした。1年間で学習する漢字を5月までにすべて教えてしまうという方法です。できるだけ短期間で漢字を教えて、1年間を通して徹底反復すれば漢字の習得率は上がります。常識を覆す指導法に躊躇しながらも実践を開始しました。ここでも指導の道筋は示すが指導法は教えない陰山校長先生の姿勢は徹底していました。それぞれの教員が自分のやり方で一斉に実践を試し始めたのです。そして、お互いの実践を交流し合い、良い実践はまねて、自分で改善を繰り返していきました。そんな中で誕生したのが漢字の部首に着目した指導法です。同僚の三島諭先生は部首の意味を先に教えることで初めて学習する漢字の意味を子ども達に推測させました。初めて出会う漢字なのに、部首から何となく漢字の意味が分かります。子ども達の漢字に対する苦手意識が消えた時に、子ども達はどんどん漢字を覚えていきました。同じく山根僚介先生は得意のパソコンを使って漢字の部首フラッシュを作成して短時間で部首の意味を定着させる方法を考案しました。仲間の教職員とともに頑張った結果、子ども達の漢字習得率は90％を超え、土堂小学校は漢字検定試験において最優秀団体賞を3年連続で受賞できたのです。

この本はこれらの実践を礎として作成しています。

「子ども達に良い出会いをさせてやりたい」これを実現していくことは簡単なようで大変なことです。たゆまぬ改善と工夫、多くの先生や仲間との出会いが必要です。

「マニュアルはつくるな。つくればそこで成長が止まる。」これも陰山校長先生の言葉です。「自分は子ども達に本当に良い出会いをさせているのか。」これからも自分に問いかけて実践を継続したいと考えています。

尾道市立御調西小学校　藤井浩治

●監修
藤井浩治
広島県尾道市立御調西小学校校長。平成 20 年度まで広島県尾道市立土堂小学校に勤務。陰山英男校長在職中の 3 年間、教務主任として校長を支え土堂小改革に取り組み、数々の成果を上げる。その書写指導には定評があり、平成 19 年には NHK 教育テレビ「わくわく授業」で授業が紹介された。著書（共著）に『文部科学省検定済小学校書写教科書・中学校書写教科書（光村図書出版）』等がある。社会貢献活動として「福井県教育総合研究所・小中書写講座講師」「香川県小学校教育研究会・書写部会研修会講師」「島根県安来市教育研究会・書写研修会講師」等多数。

●挿画・章扉イラスト
ATFT GRAPHICS.（アタフタグラフィックス）

●装幀・本文フォーマット
C・O2 Design（椎原由美子）

●イラスト
高橋正輝

● DTP
ニシ工芸

●校正
藤本耕一（小学館クリエイティブ）

●編集
尾和みゆき（小学館クリエイティブ）

●販売
窪 康男（小学館）

■参考にした本
『新選漢和辞典』小林信明編（小学館）
『例解学習漢字辞典』藤堂明保編（小学館）
『学習漢字新辞典』加納喜光監修（小学館）
『漢和辞典』鈴木修次・武部良明・水上静夫編（角川書店）
『実践！教科別陰山メソッド国語Ⅱ—新出漢字前倒し学習—』三島諭著（小学館）
『だれでも使える簡単パソコン素材集』山根僚介著（小学館）
『新・字形と筆順』宮澤正明編（光村図書出版）
『漢字指導の手引き』久米公編（教育出版）

きっずジャポニカ学習ドリル
書いて覚える小学3・4年生の漢字402　令和版

2020年2月25日　初版第1刷発行

発行者　宗形 康
発行所　株式会社小学館クリエイティブ
〒101-0051 東京都千代田区神田神保町2-14 SP 神保町ビル
電話　0120-70-3761（マーケティング部）

発売元　株式会社小学館
〒101-8001 東京都千代田区一ツ橋2-3-1
電話　03-5281-3555（販売）
印刷・製本　図書印刷株式会社

ISBN 978-4-7780-3552-5